李少聪 著

做不焦虑的父母

天津出版传媒集团

天津科学技术出版社

图书在版编目（CIP）数据

做不焦虑的父母 / 李少聪著 . -- 天津：天津科学技术出版社，2022.7
 ISBN 978-7-5742-0108-8

Ⅰ.①做… Ⅱ.①李… Ⅲ.①儿童教育 - 家庭教育 Ⅳ.① G782

中国版本图书馆 CIP 数据核字（2022）第 101548 号

做不焦虑的父母
ZUO BU JIAOLÜ DE FUMU

策划编辑：杨　譞
责任编辑：杨　譞
责任印制：兰　毅

出　　版：	天津出版传媒集团 天津科学技术出版社
地　　址：	天津市西康路 35 号
邮　　编：	300051
电　　话：	（022）23332490
网　　址：	www.tjkjcbs.com.cn
发　　行：	新华书店经销
印　　刷：	河北松源印刷有限公司

开本 880×1 230　1/32　印张 6　字数 150 000
2022 年 7 月第 1 版第 1 次印刷
定价：38.00 元

前言
PREFACE

最近很多人都在追《小舍得》，其中田雨岚的"鸡娃"模式戳中了无数父母的痛点，引发一片热议。同时，也让无数父母偷偷找到了平衡感，原来焦虑的不只自己一个，比自己有钱有权，比自己智商高的父母照样焦虑，甚至比自己还要焦虑。

在这个时代，焦虑俨然成了父母的标配，不焦虑的好像是假父母。在教育焦虑的汪洋中，有多少父母被裹挟着向前翻滚，盲目地横冲直撞，慌张前行，迷失了方向。

几乎是被放养长大的我们，为什么成了焦虑的父母？这大概源于我们自己在教育上收到了惊人的回报率，比如一个出身偏远小山村的70后，通过读书考到了大城市，并扎下根来。是教育让很多人跳出了原有的阶层，拥有了更多的选择权，获得了更优质的人生，这成了父母"鸡娃",或者说焦虑的原动力。

而当越来越多的人意识到这一点,焦虑蔓延的速度已经超出了我们的想象。就像心理学上描述的剧场效应:"一个剧场里,前排有人站起来,被挡住的后面的人为了看清台上的演出,也会跟着站起来。"在教育上,这个现象被戏称为"内卷"。教育上的"内卷",是指当教育资源有限,人们通过竞争来争夺。你不向前冲,自然只能靠边站,绝不会有人因为怜悯让你一点。可悲的是,即便是你冲了,也未必能争到,因为总有人比你冲得更生猛。可以说,这又等于给父母的焦虑之火添了一把柴。

很多父母昨天还想着要给孩子一个快乐的童年,今天看到微信朋友圈晒孩子考钢琴6级的视频,一股急火攻心,立即付款给孩子报了个钢琴班!或者刚刚还云淡风轻地说,孩子还小,好好玩几年再说,转眼看到同龄孩子不仅会制作全英文手抄报,舞蹈、钢琴、马术、国际象棋也是随手拈来,立马就不淡定了。孩子的童年只有一个,万一被自己耽误了怎么办?

让父母焦虑的远远不止哪个课外班没有上,又有哪个技能被别的孩子甩下了,还包括层出不穷的食品安全问题、突飞猛涨的学区房价格、职业发展和陪伴的艰难选择,以及幼儿园老师的职业道德、小升初考试、校园霸凌等等,每一条都能让做爸妈的焦虑指数直接爆表。

自从有了孩子,任何一点风吹草动都能成为焦虑的源头。但是,冷静下来想想,你焦虑的事情,真的值得焦虑吗?还有你的焦虑，对事情的发展来说，到底是阻力还是助力？

我们不能否认，总有一些孩子有异于常人的天赋，但如果你的孩子恰好不在这个行列，那又何必看见"神童"就焦虑？而且即便是神童，如果过度开发，违反规律，也很可能造成泯然众人矣的结果，甚至会给孩子带来不可弥补的心灵伤害。对于大多数孩子来说，尊重成长的自然规律，顺利健康的长大，就是成功。

我们也不能保证在大环境的焦虑下自己能独善其身，但至少我们要懂得量力而行的道理。任何不切实际的妄想都是自讨苦吃，结果也只能适得其反。比如，明明月薪两万，非要和人家月薪十万的比，早晚会把自己和孩子逼上绝路。我们都生活在和自己匹配的圈子里，有上进心是好的，但目标也要符合实际，跳一跳够得着就好了。别人越是疯狂，自己越要保持清醒。如果做不到，就从自己的实际出发，挑自己挑得动的担子。

2021年，两会刚刚结束，就爆出"二胎催生无效，生育政策大调整"之类的新闻。要问为什么不生二胎，多数人的回答都是"养不起"。的确，一个孩子的生和养，几乎已经让夫妻二人倾尽全力了，哪里还敢生二胎？虽然"月薪三万撑不起一个孩子的暑假"很扎心，但生和养仍然要依据自己的实际情况量入为出，而不是跟着别人的标准烧钱。

相对于金钱，让父母更头疼的是高昂的精力和时间成本，尤其是妈妈。想想，在公司忙碌了一天，回家还要面对孩子的哭闹，面对一堆家务。身心疲惫不堪，又如何能有轻松愉悦的心情？但很多时候，忙碌也并不是必需的，或者说是可以缓解的。比如，孩子能做的事，不要包办代替。比如，请孩子帮忙做家务。或者，有条件的可以请小时工帮忙，这些都可以让自己轻松一点。

让父母焦虑的莫过于学习成绩了。父母在心里都已经认定了"学习不好，就上不了好大学，上不了好大学，就找不到好工作，找不到好工作，就会过得很辛苦。"这样一个逻辑。所以，哪怕孩子偶尔考砸了，父母也会如临大敌，大有一辈子就完了的窒息感。但是，退一步想，孩子考不好，就真的没出路了吗？上名校，等同于挤独木桥，挤不上一辈子就没希望了吗？相反，孩子只要成绩好，就万事大吉了吗？答案显而易见。著名主持人白岩松谈育儿时说："人生不是竞技场，不要用标准答案限制孩子。"分数，只是评判孩子的一个标准，而不是唯一标准。

此外，当父母为孩子的未来焦虑，要知道，未来都是由无数个现在组成的。与其做无用的焦虑，不如做好现在。还有父母的焦虑源自对孩子过高的期望。如果我们自己都是普通人，那又有什么资格要求孩子成为圣人？

自从孩子出生，父母要操心的事就接连不断。如果每一件事都要拿来焦虑，那把每一根头发都焦虑到自燃，也无济于事。既然无用，不如学着去面对。解决能解决的，接受不能解决的。少一点攀比，少一点苛求，就能多一点从容和淡定。

目录

CONTENTS

第一章
成长焦虑：尊重规律不着急

1. "超前教育"，那些你不知道的危害　02
2. 不要盲目加入"制造神童"的行列　05
3. 别太着急让孩子学说话、走路　09
4. 孩子生病是正常的，不必自责愧疚　12
5. 有多少父母在为孩子的身高偏低焦虑　15
6. 别怕摔着碰着，孩子都是在磕磕绊绊中长大的　22
7. 偶尔少吃几口饭，别担心孩子营养不良　25

第二章
育儿环境焦虑：保持清醒，不盲听盲从

1. 兴趣班焦虑：选择适合的，而不是盲目跟风　30
2. 幼升小焦虑：做好准备，顺利入学　33
3. 吃零食焦虑：欲望宜疏不宜堵　37

4. 玩电子产品焦虑：禁不如管，正确引导是关键　41
5. 权威焦虑：都是育儿专家，到底听谁的　44
6. 网络育儿信息焦虑：如何科学甄别和判断　48
7. 成才的焦虑：确定育儿的长远目标，摆脱焦虑　51
8. 亲子关系的焦虑：和孩子共同成长　55

第三章
生养成本焦虑：根据家庭收入"烧钱"

1. 孩子的食物并不是越贵越有营养　60
2. 再贵的学区房，也比不过家里的书房　63
3. 和睦友爱的家比住什么样的房子更重要　67
4. 益智的玩具不一定很昂贵　70
5. 孩子的衣服鞋子不必追求名牌　74
6. 各种补习班、兴趣班，量力而行　76

第四章
忙碌焦虑：学会偷懒，告别鸡飞狗跳

1. 不用太勤快，和孩子一起做家务　82
2. 不做监工，让孩子独自完成作业　85
3. 适当示弱，激发孩子的责任心　89
4. 放手，让孩子走点弯路又何妨　92
5. 越早让孩子自己做主，父母越早轻松　96

6. 孩子寻求帮助，别急着帮忙　　　　　100
7. 建立边界，让你和孩子都轻松　　　　103

第五章
分数焦虑：正确看待孩子的成绩

1. 孩子现在的成绩不等于未来的成绩　　　108
2. 为什么说考 7 至 17 名的孩子更会有出息　　111
3. 管得越多，孩子学习成绩越差　　　　115
4. 父母的付出和孩子的成绩不可能等同　　118
5. 孩子成绩不好，鼓励比打击更重要　　122
6. 培养孩子的生活情趣，比分数重要　　125

第六章
未来焦虑：有强大的生存力就不怕

1. 自信是孩子走向未来的第一品格　　　130
2. 吃过苦的孩子，不畏未来风雨　　　　133
3. 创造力，人工智能无法替代的能力　　136
4. 抗挫折力，是孩子行走世界的底气　　140
5. 让孩子受用一生的竞争意识　　　　　143
6. 有独立思考能力的孩子未来更优秀　　146
7. 终身学习力，是孩子未来的武器和铠甲　149

第七章
苛求焦虑：唯有接纳才有平和

1. 不苛求孩子成为那凤毛麟角的1%　　154
2. 不苛求自己，孩子不需要完美父母　　157
3. 学会接纳孩子的负面情绪　　161
4. 无条件接纳是给孩子最好的爱　　168
5. 孩子偶尔犯个错，没什么大不了　　172
6. 别强迫内向的孩子变外向　　176

第一章

成长焦虑:
尊重规律不着急

1. "超前教育",那些你不知道的危害

"3岁识字过千""6岁钢琴10级"……眼看着别人家的孩子越来越优秀,而自己的孩子却连简单的数学题都难以解答,"孩子会不会越来越落后"的担忧萦绕在父母们的心头。每位父母都不希望自己的孩子输在起跑线上,"超前教育"似乎势在必行。

所谓"超前教育"就是要求年龄较小的孩子学习超出当前学习范畴的知识,以达到看起来比其他孩子聪明的状态。比如,一些家长在孩子幼儿园的时候,就教孩子掌握小学的知识,以便孩子在小学时更加游刃有余,拥有异乎同龄人的优秀。但实际上,他们忽略了儿童发展的规律性,更没有意识到"超前教育"给孩子的成长发育带来的诸多不利。

德国教育家弗里德里希·福禄贝尔认为,一个人的发展阶段分为婴儿期、儿童期、少年期、青春期、成年期等多个时期,每一个时期的教育方式都存在一定的差别。"望子成龙"的执念,导致了很多父母直接无视这种差异性,结果使孩子原本正常的成长呈现出畸形的状态。

首先，导致孩子自我评价降低。

当父母向孩子过早灌输超出孩子理解范畴的知识时，他们本能的反应就是无能为力，并不断重复这种在学业上的失败，使得他们在很大程度上将失败归咎于自己的愚蠢。当孩子长期被迫接受一些难以掌握的知识或技能时，就是在不断加深孩子对自身无能感和挫败感的体验，误以为自己的能力存在很大的不足。长此以往，孩子的自我评价就会不断降低，直至形成影响一生的习惯性自我评价偏差。因此，"超前教育"的结果有时候往往是以牺牲消磨孩子的自信心为代价的，得不偿失。

其次，降低孩子的学习热情。

"超前教育"具有过早、过快的特点，属于过度开发智力的教育模式。在本该无拘无束的童年时光里，父母强迫性的"超前教育"会最大限度地破坏孩子对知识的探索兴趣和倾向。孩子因受制于父母逼迫的压力，在情感上可能会出现对学习排斥，甚至厌恶的情绪。尤其是随着年龄的增长，父母会发现孩子开始变着法的反抗，比如装病、撒谎、逃学等。

而且，学习热情的降低还会带来更多负面影响。比如，经历过"超前教育"的孩子，在学习初期，对课堂上知识的理解和接受的确会轻松不少，但这种相较于其他孩子的优势并不能长期存在。由于提前掌握了老师课堂上教授的知识，孩子的学习兴趣降低，随之就会出现注意力飘忽、学习态度浮躁等问题。这种习惯会导致孩子经常错过老师教授的新知识点，无法正确理解并掌握新知识。这也是一些孩子越补习功课,成绩越差的原因之一。

反观那些没有经历过"超前教育"的孩子,在入学的初期,虽然难免会显得吃力,成绩也不太理想。但新鲜的知识会激发他们内在的学习兴趣,因为对知识的持续渴求,他们也更愿意主动探索学习的方法,进而形成良好的学习习惯,成绩的提高自然会水到渠成。那么,父母们该如何在合适的年龄给予孩子正确的教育呢?

>>> 区分超前教育和早教

早教是值得提倡的,而且早教在从胎儿时就开始了。这使得很多父母把早教和超前教育混淆了。其实,这两个完全是两个概念。早教是在符合孩子成长规律的前提下进行的正确教育,是以实践、体验和感受为主,培养孩子的想象力、感受力和观察力。比如,父母陪着孩子漫步田野,让孩子感受风的亲吻,阳光的抚摸,听鸟鸣虫吟。超前教育则是单纯重复式的知识的灌输,内容多是语数英等应试知识。孩子必须不断听课、背诵,学习去掌握。

另外,早教和超前教育的心态不同。父母在早教时候,心态是放松的,不急不躁的,注重对孩子的循循善诱。而超前教育的父母因为着急看到效果,则是急躁的、焦虑的。

经济大潮催生出大批早教机构,贩卖的其实是知识的焦虑。父母一定要理智清醒,区分哪些是符合孩子年龄的早教,哪些是急功近利的超前教育,以防成为被收割的"韭菜"。

>>> **拒绝攀比**

"别人家的孩子"是多少孩子心底永远的痛。太多父母看到跑在前面的孩子，就忍不住对跟在后面的自家孩子提拉拽吼。这种盲目的攀比，除了打击孩子的自信心外毫无益处。要知道，孩子的未来拼的不是全面对比，而是差异化。美国教育学家霍华德·加德纳，提出了多元智能的概念。他强调，每个人都拥有包括语言智能、数理逻辑智能、空间智能、音乐智能、人际智能等8种智能。多数时候，你以为的别人家孩子的优秀，只是某个方面的优秀。而你的孩子，同样具有别人孩子不具备的亮点。所以，与其盲目攀比，不如沉下心，慢下来，发现孩子的优势，给予积极引导，让孩子成长为优秀的自己。

总之，"超前教育"不符合常规的教育规律，也不是孩子的发展必需。孩子的初期教育应以人的品质、意志、习惯等方面为主，而并非某学科或某项技能的学习。因此，父母在面对"超前教育"时，一定要改变自己的固有观念，不偏信也不盲从。

2. 不要盲目加入"制造神童"的行列

"神童"是育儿过程中绕不开的话题，从三天掌握基因表达技术的昆明少年，到每天创作2000首诗的浙江女孩，"神童"一词持续拨弄着众多父母的心弦。"神童"带来的高曝光度和社会关注，使他们的发展前景远胜于寻常孩子，但父母盲目"制造神童"的背后是否真的百利而无一害？

　　天资聪颖的张世林在父母的辅导下轻松完成了小学三年级的学业。之后，父母经过与老师的协商，让他两连跳直接进入了初中。但新学科突增使他的成绩一落千丈，始终在及格线徘徊。为此，父母为他报了三个补习班。从此，他所有的周末、假期都在补课中度过。这让他对补习产生了抗拒，但遭到了父母的反对。直至高考结束，15岁的他成功被大学录取。

　　面对记者的提问，张世林的父亲颇为自豪地回答说："他从小就喜欢挑战困难，对已经完全掌握的知识毫无兴趣，为了让他更好地学习，我们才选择让他跳级。"

　　但对于张世林而言，跳级给他带来的则是难言的漫长孤独。不断跳级意味着与同学相处的时间很短，根本没有时间去交朋友。而自己的不同，让自己收到的也都是同学异样的目光和不想靠近的疏离。给他留下最深印象的是小学的一堂体育课，同学们围成一圈，有说有笑，只有自己独自站在一旁，无人理会，而这一幕在他的学生时代出现了很多次。他在接受采访时表示，如果可以重新来过，他更愿意慢慢升学。

　　"神童"的存在是一个不争的事实，他们天赋异禀，能在年龄尚幼时达到常人难以企及的高度。而且，值得父母庆幸的是，在人为干预之下，一些孩子也能够成为常人眼中的"神童"。但在荣耀的背后，这些被誉为"神童"的孩子同时也承受了与年纪不符的压力。如果"制造神童"成功，光环会掩盖孩子内心的伤痕。可一旦失败，给留下孩子的就只有在重压之下形成的自卑和怯懦，从而导致自我价值感缺失。

重要的是，"神童"仅仅是千万孩子中的特例。但在媒体的宣传之下，让很多父母误以为"神童"其实离自己很近，这使得很多父母盲目加入了"制造神童"的队伍。

"制造神童"观念的出现，究其根本，源自父母对孩子教育问题所产生的焦虑情绪，一方面在于父母的炫耀心理，从根本上说是虚荣心；另一方面在于脱离原生阶层的强烈期盼。

先说炫耀心理，孩子是父母的骄傲，尤其是格外优秀的孩子。当"晒娃""晒孩子"成为生活的常态，朋友圈的点赞和夸奖能够极大满足父母的虚荣心。同时，下意识的比较也会加剧父母的心理落差。为了使自豪感得以持续填补落差，父母只能不断提高孩子在周围人眼中的优秀程度。可以说，父母的这种炫耀的心理恰恰成了"制造神童"巨大的驱动力。

再来看脱离原生阶层的强烈期盼。父母对自己的孩子都有一种"精英"的期盼，比如，常年打工或田间劳作的父母希望孩子将来能够闯出名堂，不要重复自己的老路，向着更高的社会阶层努力。但是，有些孩子天生在某些方面能力平庸，或者说无法适应这种教育模式。而父母超出实际的期盼，只会孩子带来过大的压力，直到孩子因为无法承受而崩溃。那么，父母应该如何正确认识和对待"神童"现象？

>>> **警惕"神童"背后的利益收割链**

客观地说,"神童"的出现并非偶然,基本上所有"制造神童"的信息都带有刻意雕琢的痕迹。因此,父母应警惕所谓"神童"背后的利益收割链,除了急功近利的父母,还有追逐利益,贩卖各种焦虑的投机商人隐藏在暗处推波助澜。一些站在聚光灯下光鲜亮丽的"神童"往往是最大的受害者,他们就像一种牟利的工具一般,在展现出"7岁背诵唐诗近千首""12岁准备本硕连读"的才智后,紧接着背后的推手就将其教育孩子的理论高价售出,获得暴利。

常人视线中的"神童",观其共性,不外乎背后始终站着一位又一位的"造神者",而他们所求无非利益二字。如果父母盲目加入"制造神童"的行列,很可能会掉入投机者的陷阱,成为他们眼中的"韭菜"。对于父母来说,越是希望子女成才,就越要警惕被"神童"的表演蛊惑心智。

>>> **关注孩子的心理健康**

"神童"不过只是在某一个方面天赋异禀,却并非自身的各项素质都远胜常人。父母、老师以及周围的人一旦盲目或者过度追捧,就容易导致他们在将来的生活中难以自处。在"神童"光环的加持下,众人的保护、忍让都将使他们滋生出任性、自大的性格,当他们踏入社会的那一刻,失去光环的作用,身边的矛盾和冲突都将让他们难以适应心理的落差,这些所谓的"神童"反而会成为社会中的"弱势群体",难以很好地处理工作和生活中的人际关系。

3. 别太着急让孩子学说话、走路

在正常情况下，孩子在 15 个月左右就具备了说话和走路的能力，可一些孩子在两岁或三岁时仍不能开口说话或走路，很多父母为此变得十分焦虑，总是担心孩子的身体是不是出了什么问题。事实上，无论是说话还是走路，孩子都有一个适应的过程，过早对孩子进行说话或走路的训练反而对孩子不利。

很多人认为孩子说话、走路的早晚和孩子的智力有关，这根本就是无稽之谈。对于走路而言，影响时间早晚的主要因素为内部因素。

生理因素：当孩子的下肢肌肉比较发达，足以支撑起整个身体的重量时，那么他站立行走的时间节点就会来得早一点。但如果孩子的身体羸弱，下肢的力量不足，就需要等到下肢发育程度达到一定标准后才能学会走路，这就导致了走路晚情况的出现。

遗传因素：相关医学研究表明，孩子走路早晚与自身脊髓髓鞘的成熟度有关，而脊髓髓鞘成熟的早晚受到遗传因素的影响。如果父母在幼年时坐、立、走的情况要远逊于同龄人，那么自己的孩子也可能出现走路晚的情况。

此外，环境因素也会对孩子走路的早晚产生一定的影响。比如，适龄阶段所处的不同季节。在夏季时，孩子所穿的衣服比较单薄，活动也会相对灵活，而在冬季时，由于衣服比较厚重，增加了孩子走路所承受的压力，自然就会花费更多的时间。

对于走路晚的孩子，父母不可操之过急，更不能强行对其进行训练。由于孩子的骨骼尚未发育完全，过早学走路反而会对骨骼发育造成影响，形成"O型腿""X型腿"，甚至影响成年时的身高。

相较于走路晚，说话晚的问题则恰恰相反，是以外界因素为主要影响条件。

不良的语言环境：孩子学习说话是一个模仿的过程，如果父母少言寡语，或者工作比较忙碌，没有时间经常和孩子进行沟通，在这样语言贫乏的环境中，孩子开口晚是一件必然的事。此外，父母沟通语速过快，交流内容过于复杂，对于正在模仿期的孩子来说，也会出现理解和模仿困难的情况，以至于说话晚。

有求必应的生活环境：由于过于关注孩子，时刻注意孩子的举止，就容易导致孩子不需要开口提出自己的需求，父母就为他准备好一切，无论是饿了、困了，还是累了，都能凭借孩子的一个眼神、一个动作加以领会。如此一来，孩子就失去了表达的机会，更不愿开口说话。

父母的焦虑情绪：孩子虽然不能开口说话，却能够感知到父母的情绪变化，当父母因自己的孩子开口晚而在日常中表现出焦虑时，会在无形中加剧孩子的心理负担。尤其是一些不满、急躁的言语表达，都会让孩子变得恐惧、紧张，越发难以开口，以至于形成内向、自闭的性格。

过早接触电子设备：如果孩子过早接触手机、电视、电脑等电子设备，就被失去与父母之间正常的应答行为。由于电子设备是一个单方面的信息传递，并不能与孩子产生交流。这也就会导致孩子沉溺在自己的世界，失去沟通的兴趣，语言交流能力得不到应有的发展。

对于孩子说话迟、走路晚的问题，父母不仅要懂得理性看待，还要做到防患于未然。一般来说，孩子在这两方面发育迟缓属于正常现象，但也存在一些特例是由于身体原因导致，比如，听力问题或发音器官问题，因听不清或听不见任何声音，影响开口说话；肌肉松弛综合征，因此类病症导致孩子走路晚、走路不稳等问题。因此，当孩子出现说话迟、走路晚等问题时，父母应及时带孩子前往医院就诊，排除疾病影响的可能。

此外，创造良好的家庭环境有利于孩子在说话和走路方面进行正常的发育。

>>> **懂得放手和引导**

在日常生活中，父母向灌输了一些词汇后，要引导孩子说出来。比如，当孩子口渴想要喝水时，如果他用手指着杯子，妈妈就需要做出引导："妈妈不懂，宝宝要讲出来。"让孩子表达出自己的意愿，逐渐从简单到复杂，慢慢地，孩子就能够表达出自己的想法了。

对于走路的问题，当孩子的四肢具备支撑身体的能力后，父母不必时刻将孩子抱在怀中，尽可能让孩子在床上坐、爬，享受靠在平面的感觉。

>>> **鼓励孩子与年龄较大的孩子玩耍**

模仿是人类的天性，孩子在与其他孩子玩耍的过程中，学习语言的积极性就能够得到有效的激发。这种孩子之间的游戏对促进语言表达能力具有不可低估的作用。

因此，无论是走路还是说话，父母都应顺其自然，尊重孩子的正常成长轨迹，不可因自身焦虑情绪而选择揠苗助长，以免对孩子的身心造成不利影响。

4. 孩子生病是正常的，不必自责愧疚

在很多家庭中，孩子一生病，父母就容易变得手足无措，忧心忡忡，并将孩子患病的原因归咎于自己看管不利。但实际上，幼儿的很多异常表现都属于正常的生理现象，父母大可不必如此紧张。

对于绝大多数孩子而言，感冒、发烧、咳嗽等"疾病"是他们成长过程中必须经历的，此时的"生病"不同于父母认知上的生病，而是一种成长的信号。众所周知，孩子在出生之后，需要食用一段时间的母乳，母乳中的抗体能够有效抵御细菌和病毒的侵害。大概在六个月之后，孩子的身体已经初具抵抗力，加之断奶的举措也使得孩子失去了从外界摄取抗体的渠道，失去母乳抗体的保护，孩子在接触细菌和病毒时就会出现剧烈的反应，比如，发高烧等。

很多父母将这种情况视为孩子免疫力低下，但事实并非如此。孩子经过发育，体内的免疫器官和免疫系统已经趋于成熟，但尚未真正与细菌、病毒等物质进行直接的接触，免疫系统还不能准确识别这些"入侵者"，并形成有效的抗原。每一次与病原体的对抗就会外化成高烧、感冒等症状，但实际上这是免疫系统不断成熟的表现。

此外，一些外界因素也会导致孩子体温升高，比如，洗澡、运动、进食、衣物较厚。这是由于孩子尚处于发育阶段，体温调节能力较差，甚至在哭闹等情绪激动的情况下，体温也会出现明显的升高，并非只是生病所致。与之类似的还有身体酸疼、脸上出现丘疹、体重下降、夜间哭闹等症状，它们都属于孩子身体各项器官不断发育的正常现象。

在面对孩子生病的问题时，有时候父母因焦虑和谨慎所采取的一些举措往往不利于孩子正常的成长发育。

"病急乱投医"：每一种疾病都需要经历触发、对抗到康复的过程。它会因身体素质的不同，在康复时间上出现巨大差距，尤其是相对于成年人，正在发育的孩子需要的康复时间也会更长一些。但一些父母由于过度紧张，总是希望带着正在发烧的孩子去过医院之后，温度能够马上降下来。一旦孩子服用药物后，体温没有明显的下降或出现反弹，父母就会将原因归咎于药物不对或医生不靠谱，立刻换一种药物或换一个大夫再诊断。在不断颠簸的过程中，孩子康复的时间反而会延长。

抗生素的使用：父母最担心孩子生病，一生病就赶紧去医院，恨不得医生立马给孩子治好。而就像生病有一个过程，治疗也需要一个过程，但焦心的父母等不了。为了迎合这种心理，对于寻常感冒、发烧等疾病而言，医生也会选择输抗生素这种见效快的治疗方式。这种治疗方式一方面会将孩子体内的病菌杀死，另一方面也会消灭孩子体内有益的细菌，破坏掉孩子的免疫力，使孩子更容易生病。

限制孩子外出活动：为了避免孩子生病，一些父母担心孩子粘上细菌，会避免让孩子接触一些"脏东西"，从而限制孩子外出活动。但是，长时间处于过于干净的环境中，孩子接触不到细菌，免疫系统反而会得不到训练。

总的来说，如果孩子在出生时免疫功能正常，他的免疫系统会在十几岁的时候达到正常水平，而在此之前，每一次发烧、感冒都是一个身体自我调整，增强免疫力的过程。就像是人生一样，在不断失败和挫折后，吸取教训，最终获得成长。因此，父母担忧孩子身体的心情是可以理解的，但不必为此忧心不已。

那么，在孩子生病时，父母又该如何有效远离焦虑和自责呢？

>>> 学习一些基本的健康和疾病常识

当孩子生病时，如果父母具备一定的健康和疾病常识就容易区分当前的状况。比如，观察孩子的精神状态。如果孩子的体温骤然升高，但精神状态尚佳，体温也只是在39摄氏度以下，并在医生的诊断和治疗下并没有太大的问题。父母需要意识到孩子抵抗病毒需要一定的时间周期，让孩子多喝水多休息即可。

>>> **生老病苦是常态**

孩子因生病哭闹，是因为孩子身体不适而导致自身情绪需要释放。父母需要接纳孩子此时的情绪状态，避免因他的情绪而诱发自己的焦虑和担忧。当父母的心态平和时，孩子也能够感受到，并会给予自己积极的心理暗示。

作为父母，我们要明白，尊重疾病的发展规律才是正确的选择，太过焦虑和心急反而不利于孩子恢复健康。

5. 有多少父母在为孩子的身高偏低焦虑

个矮的朋友是否还记得，从上小学开始就没离开过教室的第一排，印象最深的莫过于讲台前纷纷扬扬的粉笔灰。一直被身高困扰的你，转眼已为人父人母，又开始焦虑孩子的个头长不高。

有些父母即便是自己的个头并不矮，当发现同龄孩子居然比自家孩子高出半个头，也会突然焦虑起来。心里会嘀咕：我家孩子的身高是正常水平吗？会不会身体的发育有什么问题？要不要带孩子去看医生？

那么，父母们该如何判断孩子的身高是否达到了标准呢？

>>> **对比身高百分位表**

这是简单、便捷的判断方式，家长可根据以下两种表格来进行判断。

男孩对比图

年龄	3rd 身高（cm）	3rd 体重（kg）	10th 身高（cm）	10th 体重（kg）	25th 身高（cm）	25th 体重（kg）
出生	47.1	2.62	48.1	2.83	49.2	3.06
2月	54.6	4.53	55.9	4.88	57.2	5.25
4月	60.3	5.99	61.7	6.43	63.0	6.90
6月	64.0	6.80	65.4	7.28	66.8	7.80
9月	67.9	7.56	69.4	8.09	70.9	8.66
12月	71.5	8.16	73.1	8.72	74.7	9.33
15月	74.4	8.68	76.1	9.27	77.8	9.91
18月	76.9	9.19	78.7	9.81	80.6	10.48
21月	79.5	9.71	81.4	10.37	83.4	11.08
2岁	82.1	10.22	84.1	10.90	86.2	11.65
2.5月	86.4	11.11	88.6	11.85	90.8	12.66
3岁	89.7	11.94	91.9	12.74	94.2	13.61
3.5岁	93.4	12.73	95.7	13.58	98.0	14.51
4岁	96.7	13.52	99.1	14.43	101.4	15.43
4.5岁	100.0	14.37	102.4	15.35	104.4	16.43
5岁	103.3	15.26	105.8	16.33	108.4	17.52
5.5岁	106.4	16.09	109.0	17.26	111.7	18.56
6岁	109.1	16.80	111.8	18.06	114.6	19.49
6.5岁	111.7	17.53	114.5	18.92	117.4	20.49
7岁	114.6	18.48	117.6	20.04	120.6	21.81
7.5岁	117.4	19.43	120.5	21.17	123.6	23.16
8岁	119.9	20.32	123.1	22.24	126.3	24.46
8.5岁	122.3	21.18	125.6	23.28	129.0	25.73
9岁	124.6	22.04	128.0	24.31	131.4	26.98
9.5岁	126.7	22.95	130.3	25.42	133.9	28.31
10岁	128.7	23.89	132.3	26.55	136.0	29.66

（数据图来源于首都儿科研究所）

男孩对比图

年龄	50th 身高(cm)	50th 体重(kg)	75th 身高(cm)	75th 体重(kg)	90th 身高(cm)	90th 体重(kg)	97th 身高(cm)	97th 体重(kg)
出生	50.4	3.32	51.6	3.59	52.7	3.85	53.8	4.12
2月	58.7	5.68	60.3	6.15	61.7	6.59	63.0	7.05
4月	64.6	7.45	66.2	8.04	67.6	8.61	69.0	9.20
6月	68.4	8.41	70.0	9.07	71.5	9.70	73.0	10.37
9月	72.6	9.33	74.4	10.06	75.9	10.75	77.5	11.49
12月	76.5	10.05	78.4	10.83	80.1	11.58	81.8	12.37
15月	79.8	10.68	81.8	11.51	83.6	12.30	85.4	13.15
18月	82.7	11.29	84.8	12.16	86.7	13.01	88.7	13.90
21月	85.6	11.93	87.9	12.86	90.0	13.75	92.0	14.70
2岁	88.5	12.54	90.9	13.51	93.1	14.46	95.3	15.46
2.5岁	93.3	13.64	95.9	14.70	98.2	15.73	100.5	16.83
3岁	96.8	14.65	99.4	15.80	101.8	16.92	104.1	18.12
3.5岁	100.6	15.63	103.2	16.86	105.7	18.08	108.1	19.38
4岁	104.1	16.64	106.9	17.98	109.3	19.29	111.8	20.71
4.5岁	107.7	17.75	110.5	19.22	113.1	20.67	115.7	22.24
5岁	111.3	18.98	114.2	20.61	116.9	22.23	119.6	24.00
5.5岁	114.7	20.18	117.7	21.98	120.5	23.81	123.3	25.81
6岁	117.7	21.26	120.9	23.26	123.7	25.29	126.6	27.55
6.5岁	120.7	22.45	123.9	24.70	126.9	27.00	129.9	29.57
7岁	124.0	24.06	127.4	26.66	130.5	29.35	133.7	32.41
7.5岁	127.1	25.72	130.7	28.70	133.9	31.84	137.2	35.45
8岁	130.0	27.33	133.7	30.71	137.1	34.31	140.4	38.49
8.5岁	132.7	28.91	136.6	32.69	140.1	36.74	143.6	41.49
9岁	135.4	30.46	139.3	34.61	142.9	39.08	146.5	44.35
9.5岁	137.9	32.09	142.0	36.61	145.7	41.49	149.4	47.24
10岁	140.2	33.74	144.4	38.61	148.2	43.85	152.0	50.01

(数据图来源于首都儿科研究所)

女孩对比图

年龄	3rd 身高(cm)	3rd 体重(kg)	10th 身高(cm)	10th 体重(kg)	25th 身高(cm)	25th 体重(kg)
出生	46.6	2.57	47.5	2.76	48.6	2.96
2月	53.4	4.21	54.7	4.50	56.0	4.82
4月	59.1	5.55	60.3	5.93	61.7	6.34
6月	62.5	6.34	63.9	6.76	65.2	7.21
9月	66.4	7.11	67.8	7.58	69.3	8.08
12月	70.0	7.70	71.6	8.20	73.2	8.74
15月	73.2	8.22	74.9	8.75	76.6	9.33
18月	76.0	8.73	77.7	9.29	79.5	9.91
21月	78.5	9.26	80.4	9.86	82.3	10.51
2岁	80.9	9.76	82.9	10.39	84.9	11.08
2.5月	85.2	10.65	87.4	11.35	89.6	12.12
3岁	88.6	11.50	90.8	12.27	93.1	13.11
3.5岁	92.4	12.32	94.6	13.14	96.8	14.05
4岁	95.8	13.10	98.1	13.99	100.4	14.97
4.5岁	99.2	13.89	101.5	14.85	104.0	15.92
5岁	102.3	14.64	104.8	15.68	107.3	16.84
5.5岁	105.4	15.39	108.0	16.52	110.6	17.78
6岁	108.1	16.10	110.7	17.32	113.5	18.68
6.5岁	110.6	16.80	113.4	18.12	116.2	19.60
7岁	113.3	17.58	116.2	19.01	119.2	20.62
7.5岁	116.0	18.39	119.0	19.95	122.1	21.71
8岁	118.5	19.20	121.6	20.89	124.9	22.81
8.5岁	121.0	20.05	124.2	21.88	127.6	23.99
9岁	123.3	20.93	126.7	22.93	130.2	25.23
9.5岁	125.7	21.89	129.3	24.08	132.9	26.61
10岁	128.3	22.98	132.1	25.36	135.9	28.15

(数据图来源于首都儿科研究所)

女孩对比图

年龄	50th 身高(cm)	50th 体重(kg)	75th 身高(cm)	75th 体重(kg)	90th 身高(cm)	90th 体重(kg)	97th 身高(cm)	97th 体重(kg)
出生	49.7	3.21	50.9	3.49	51.9	3.75	53.0	4.04
2月	57.4	5.21	58.9	5.64	60.2	6.06	61.6	6.51
4月	63.1	6.83	64.6	7.37	66.0	7.90	67.4	8.47
6月	66.8	7.77	68.4	8.37	69.8	8.96	71.2	9.59
9月	71.0	8.69	72.8	9.36	74.3	10.01	75.9	10.71
12月	75.0	9.40	76.8	10.12	78.5	10.82	80.2	11.57
15月	78.5	10.02	80.4	10.79	82.2	11.53	84.0	12.33
18月	81.5	10.65	83.6	11.46	85.5	12.25	87.4	13.11
21月	84.4	11.30	86.6	12.17	88.6	13.01	90.7	13.93
2岁	87.2	11.92	89.6	12.84	91.7	13.74	93.9	14.71
2.5月	92.1	13.05	94.6	14.07	97.0	15.08	99.3	16.16
3岁	95.6	14.13	98.2	15.25	100.5	16.36	102.9	17.55
3.5岁	99.4	15.16	102.0	16.38	104.4	17.59	106.8	18.89
4岁	103.1	16.17	105.7	17.50	108.2	18.81	110.6	20.24
4.5岁	106.7	17.22	109.5	18.66	112.1	20.10	114.7	21.67
5岁	110.2	18.26	113.1	19.83	115.7	21.41	118.4	23.14
5.5岁	113.5	19.33	116.5	21.06	119.3	22.81	122.0	24.72
6岁	116.6	20.37	119.7	22.27	122.5	24.19	125.4	26.30
6.5岁	119.4	21.44	122.7	23.51	125.6	25.62	128.6	27.96
7岁	122.5	22.64	125.9	24.94	129.0	27.28	132.1	29.89
7.5岁	125.6	23.93	129.1	26.48	132.3	29.08	135.5	32.01
8岁	128.5	25.25	132.1	28.05	135.4	30.95	138.7	34.23
8.5岁	131.3	26.67	135.1	29.77	138.5	33.00	141.9	36.69
9岁	134.1	28.19	138.0	31.63	141.6	35.26	145.1	39.41
9.5岁	137.0	29.87	141.1	33.72	144.8	37.79	148.5	42.51
10岁	140.1	31.76	144.4	36.05	148.2	40.63	152.0	45.97

(数据图来源于首都儿科研究所)

在与身高体重表对比之后，属于标准范畴之间的孩子身高是正常的。只有身高过于矮小，或者长得太高，才需要及时到医院就诊。

>>> 监测生长速度

儿童生长发育在不断进行，但这个过程并非匀速。孩子在每一个年龄段都存在相应的身高增长区间，比如，孩子在出生时平均身高为50厘米，第一年平均增长20至25厘米，1至3岁平均每年增长8至10厘米，3岁后增长速度降低，每年增长5至7厘米。青春期会再次出现增长高峰，平均值为20至30厘米，青春期后身高增长不断衰减直至消失。

一般来说，当孩子身高与平均标准出现较大差异时，父母才需要进一步寻找原因，不然只是无端为自己和孩子增添烦恼罢了。比如，3~16岁青少年儿童，如果年生长速度小于5厘米，可到医院排查是否存在矮小症的可能。

研究发现，遗传因素在影响身高发育的主要因素中占比70%，尤其是孩子在青春期的快速发育时期，身高增长的程度一般和遗传因素有很大关系。除了遗传因素，现代医学表明，后天的环境影响也能够对孩子的身高带来提升，尤其是在婴幼儿时期和青春期两大黄金发育时期。担心孩子个头的父母，该如何抓住关键期，让孩子的身高接近正常范围的上限？

>>> 保证孩子的睡眠质量

睡眠质量是影响孩子身高的重要因素。在凌晨1点左右，孩子体内的生长激素分泌会达到顶峰，如果生长激素长期处于正常水平，孩子的发育就会达到正常水平。而生长激素分泌的前提就是深度睡眠，一旦发育期的孩子存在熬夜或晚睡的习惯，体内的生长激素就会减少，对身高发育产生不利影响。因此，父母要保证孩子最迟在晚上10点前入睡，睡前也不可吃得太饱。

>>> 营养均衡

处于发育期的孩子，钙元素和蛋白质的摄入是影响身高的一大因素。父母在保证孩子营养均衡的前提下，可以让孩子多喝牛奶和豆浆，保证钙元素和蛋白质的摄入，有利于身高的发育。切记不可让孩子养成挑食、偏食和暴饮暴食的习惯。

>>> 增强体育锻炼

适当的体育锻炼有利于孩子身体各个器官的发育，骨骼也能够得到有效的伸展。因此，想要孩子长得更高，父母可以经常和孩子进行体育锻炼，比如，篮球、跳绳等运动，对身高增长都是有很大帮助的。

>>> 关于生长激素

很多父母还关心一个问题："是否能够通过外界干扰因素来使孩子的身高增长？"比如，注射成长激素。客观地说，这种方式是行得通的，但也要根据孩子当前的发育情况而定。如果孩子出现骨骼发育早熟的问题，注射适量的生长激素可以有效改善身高。但如果孩子仍存在较大的发育空间，注射生长激素后，孩子的身高增长虽然会加快，但外界刺激会使骨骼发育提前，从而导致骨骺提前闭合，生长的时间缩短，最终降低身高的上限。因此，只要孩子身体健康，不主张父母为孩子注射生长激素，更希望父母对孩子的身高保持一个正确合理的期望值，即使身高处于正常范围的下限。

总的来说，对于父母而言，为孩子构建一个良好的生长发育环境，保持一个良好的心态，遵循孩子的生长规律才是最好的选择。

6. 别怕摔着碰着，孩子都是在磕磕绊绊中长大的

从爬到走、再到奔跑，每一个孩子都逃不开"跌跌撞撞摔跟头"的命运。有时候，他们走着走着就会撞到房间里的沙发，跑着跑着就会被自己绊倒，以至于孩子身上经常小伤不断，不是胳膊出现红肿，就是膝盖磕破了皮。

为此，很多父母在自己的孩子外出玩耍时，总是紧紧地跟在后面，不停地嘱咐说"跑慢点，小心摔倒""小心地面滑"之类的话，尤其是一些刚刚学会走路的孩子，父母更是寸步不离，一刻也不敢放松。

内心的紧张和焦虑会让父母将孩子摔倒视为一件可怕的事情，一旦孩子出现磕碰，马上飞奔过去，仔细检查孩子是否受伤，并因此心生愧疚，一边安抚孩子，一边自责："都是妈妈的错，妈妈没有照顾好你，下次一定会小心的。"甚至一些父母为了避免孩子出现磕碰，严禁孩子进行如轮滑、足球等磕碰概率较

高的活动。

尽力去扮演庇护者的角色父母,恰恰是对孩子能力的不信任。这种"不信任"带来的过度保护,比如不让孩子乱爬、乱摸,会让处于探索期的孩子失去动脑和动手的机会,进而影响智力的发育。

而且不管父母如何谨慎,孩子也难免会出现磕碰的情况,因为好动是他们的天性。而且,孩子日常摔倒和磕碰并不是什么大问题,处于生长发育期的孩子肢体相对柔软,具备一种天生的自我保护机制,小小的伤痛,并不会给孩子造成多大的负面影响。

此外,最重要的一点就是,在跑跑跳跳过程中,孩子根本就不怕跌倒,或者说根本不把跌倒放在心上,如果父母没有过分表现出紧张的话。

"磕磕碰碰"是孩子成长过程中的宝贵经历,他们会在挫折和痛苦中吸取经验和教训,明白那些行为会对自己造成伤害,得以迅速成长。比如,父母都会警告孩子不许触摸热水杯,但这些警告远远没有手指间的疼痛来得令人印象深刻,甚至阻止有时候会激发孩子对未知事物的好奇心。就像作家韩寒曾在文章中写道,他从不担心女儿小野在院子中随便捡东西吃,因为小野在吃过一颗土块后就记住了这种感觉。

一旦我们不相信孩子的能力,就会使他们失去了自我成长的机会,其实,有时候孩子对危险的警觉和规避能力是不弱于成人的。父母需要做的,就是提前告知一些必要的安全事件和注意事项，然后放手让孩子去做。一旦孩子的能力得以展示，父母内心的担忧就会烟消云散。

相对而言，过度的紧张反而会不利于孩子的生长发育，尤其是在行为引导上具有很大的弊端。

首先，基于社会性参照的行为，孩子会模仿父母的反应。

"社会性参照"就是察言观色，这种能力在孩子8个月左右就会习得。当孩子遇到一些自己处理不了的事情时，就会依靠周围人的情绪、举动来做出自己的行为。

如孩子摔倒了，父母开始变得着急和紧张，但孩子却没有意识到父母出现此类情绪或举动的原因，就会按照以往的经验来采取行动。比如，受伤、生病时，父母也是这般表现，而当时自己正在哭泣，现在也就应该哭泣。

其次，基于心理归因的行为，孩子会做出父母期待的反应。

"心理归因"就是揣摩父母的意图，同时懂得用自己的行为去换取自己想要的。比如，自己一哭，就能得到妈妈的拥抱、安慰或者零食。在长期的实践中，孩子发现"摔倒——大哭——得到安慰或零食"成了一个屡试不爽的循环。于是，就算摔倒一点也没感到疼，仍然会大哭不止，他只是希望得到父母的安慰和零食。

父母之所以出现焦虑的情况，大多数是因为不知道如何应对孩子的磕碰问题。那么，我们可以参照以下处理方法。

>>> 坠床

孩子在沙发或没有围栏的床上熟睡时，容易因翻身导致坠床。一般来说，小孩子坠床造成大脑损伤的概率很小。父母应该仔细观察10秒钟，检查孩子是否出现出血或肢体活动障碍。之后，在48小时内观察孩子的生理和精神状态，如果没有出现呕吐、抽搐、表情痛苦、呆滞等情况，那就没有什么大碍。

>>> **磕碰**

当孩子发生磕碰之后，父母需要观察孩子是否存在出血、瘀青的症状。如果只是轻微的皮肤出血，可以用碘酒擦拭，如果大量出血，应使用无菌纱布按住伤口，减缓出血，并及时送往医院。如果只是瘀青和肿包，父母可以用冰袋或者冷毛巾敷一会，但要注意观察孩子的神态，一旦发现异常，需要及时就医。

孩子成长路上的磕磕碰碰会让他学到如何保护自己，如何认识这个五彩的世界。父母不必过于担忧和保护，因为有时候父母的"庇护伞"不仅阻挡了外界的风雨，也遮住了阳光。

7. 偶尔少吃几口饭，别担心孩子营养不良

在孩子的养育过程中，令人头疼的莫过于督促孩子吃饭。每位父母都希望自己的孩子能多吃一点，长高一点，为此，父母们往往费尽口舌："宝宝，多吃一点，不然以后长不高""必须把碗里的饭吃完，不然不许去玩""哭也没有用，必须吃完"……

不得不说，有时候我们对孩子的管教太过严厉，虽然是出于父母对孩子的关爱，可一旦关爱的方式不正确就容易对孩子造成

伤害。父母的关注点一直集中在孩子是否吃完了碗里的饭，而忽略了孩子的感受，即使成年人偶尔也会出现不想吃饭的情况，那为什么无法接受孩子少吃一些呢？

归根结底，这种行为是由父母对孩子吃得太少或不吃饭产生的焦虑而导致，主要担心孩子会因此出现营养不良、长得比其他孩子瘦小。但事实上，由于每个孩子的体质不同，日常活动量不同，饭量自然也会天差地别。比如，幼儿园里的一个男孩子每次都能吃三碗饭，而大多数孩子只能吃一碗，这是否就表示大部分孩子不爱吃饭或者吃得太少？很明显，不是的。就像成年人一样，进行体力工作的人往往比每天坐在办公室工作的人要吃得多。

因此，我们不必因孩子吃得少而忧心忡忡，只要孩子每天的膳食能够满足自身营养需求，就不会出现想象中的营养不良的情况。而盲目的焦虑和紧张往往导致一次又一次的"饭桌大战"。更何况，营养不良等情况的出现也并非我们想象的那么简单。

那么，如何判断孩子的营养是否跟得上呢？一般来说，在保证正常饮食的情况下，孩子每天摄入食物量的多少与自身的营养状态并没有太大的关系，导致孩子出现营养不良的根本原因在于膳食结构单一和食物营养密度不足。

膳食结构单一是指长期食用固定的营养成分的饭菜，比如，白粥和青菜。这种饮食方式也能够满足孩子的日常能量消耗，但实际上身体发育所需的营养物质并没有得到补充。一段时间之后，即使孩子每天吃得很多，也容易出现营养不良的情况。

食物营养密度不足，是指在同等体积或热量下，食物所提供的营养浓度不足。这就容易出现孩子每天拥有营养均衡的膳食，实际上摄入的营养不足的情况，进而导致营养不良。比如，奶制品和精瘦肉属于营养密度较高的食物，富含维生素、蛋白质等营养素，肥肉多为脂肪，含有的营养素较少，属于低营养密度食物，而纯糖类食物只能单纯提供能量，毫无营养密度可言。

父母们之所以因孩子吃得少而出现这样那样的担忧，就是误将吃得少和营养摄取不足画上了等号。因此，父母们大可放宽心，不必因自家孩子比其他孩子吃得少而感到焦虑。退一步讲，即使孩子偶尔几次吃得少，也并不妨碍合理的膳食对孩子生长发育带来的效果。

关于营养均衡的膳食，一些父母会按照营养书籍上的标准将食物的量精准到某一克数，并认为多一点，少一点都会影响营养均衡。如果真的严格按照书中的标准来，想必会把人折磨疯掉，营养数据标准不过是一种参考。父母只要了解大致的范围即可，孩子多吃一点别紧张，少吃一点别担忧。只要不是差得太离谱就不是什么大问题，重要的还是营养的均衡，食物摄入种类齐全。

>>> **膳食均衡**

儿童营养师认为，一个均衡的膳食结构由五大类基本食物构成：第一类，谷薯类，包括谷物、薯类以及杂豆类食物；第二类，蔬果类，包括日常的蔬菜和水果；第三类，禽畜鱼蛋奶类；第四类，大豆、坚果类；第五类，纯能量食物类，如植物油等。

如果孩子每天的饮食涉及了这五大类，就说明膳食的营养结构比较均衡了。

>>> **食物多样性**

食物的多样性简单来说就是避免食物单一，同类食物不同品种。只有日常膳食食物多种多样，才能达到平衡膳食的良好效果。

食物类别	平均每天种类数	每周至少品种数
谷类、薯类、杂豆类	3	5
蔬菜、水果类	4	10
禽、畜、鱼、蛋类	3	5
奶、大豆、坚果类	2	5
合计	12	25

父母可以对比一下，每天的主食品种有没有超过3种？蔬菜、水果品种有没有达到4种，一周有没有超过10种。虽然仅看图表数据，会让人觉得完成这样的食物多样化并不轻松，但当我们将这种膳食标准放在心上，准备食材不那么单一，就会发现做到饮食多样化其实没有想象中的那么困难。

第二章

育儿环境焦虑：保持清醒，不盲听盲从

1. 兴趣班焦虑：选择适合的，而不是盲目跟风

一个孩子站在 13 层楼的窗台，对妈妈喊："你就是想逼疯我！"

"妈妈还不是为了你好……"

"你再说！再说我就跳下去。"

……

原来这个孩子被妈妈安排了数十个兴趣班，每天除了在学校上课，就是在兴趣班上课，终于不堪重负威胁妈妈说要跳楼。

类似于这样的父母并不少，有人说在教育上，我们现在已经进入了全民焦虑时代，尤其在兴趣班的选择上。很多父母都是看到别人家的孩子，个个精通十八般武艺，不仅钢琴考到了9级，参加舞蹈比赛得了一等奖，还写得一手好字……对比自己家的孩子啥都不会，没有一样技能拿得出手，自己这颗老母亲的心是不是已经碎了一地？焦灼中，心一狠，各种兴趣班都被提上日程，反正技多不压身。

虽然，除了极少数家长，多数父母也并没有指望培养出一个郎朗，姚明，或者丁俊晖。但也正因为孩子没有表现出特殊的

赋,父母在兴趣班的选择上多半是盲目的,都是受内心焦虑的驱使,而不是从孩子本身出发。

比如,毛毛的妈妈见邻居家的儿子跆拳道练得特别好,想着男孩子从小就应该加强体能训练,就也给他报了个跆拳道班。没想到孩子根本就不喜欢,坚持上了几节课,死活不愿意去了。父母怕的是别的孩子会的,自己孩子不会,却忘记了孩子才是兴趣班的主体,最应该考虑的是孩子的感受。

在焦虑的大环境下,盲目选择一堆兴趣班,或者什么兴趣班都不报,都不是父母可以接受的。那么,如何理智地给孩子选择合适的兴趣班?

>>> **孩子是否有天赋**

一个孩子除了需要后天的努力,还要靠天赋。我们不能不承认的确有孩子在某个方面天赋异禀,再加上后期的锻炼就能有所成就。

假如把一个人的禀赋按照 10～100 来记分,父母的重要任务,就是发现孩子在哪些方面能得 80 分,甚至 90 分以上,哪些方面只能得 50 分,甚至更少。找到最擅长的去发展,找到最不擅长的去规避,这不仅仅在给孩子选择兴趣班具有重要的指导意义,乃至对孩子未来的专业选择、工作选择,都有很重要的意义。如果能在最擅长的领域里选择一个兴趣班,学习起来自然会事半功倍。

所以,孩子肢体灵活、柔软就让他学舞蹈,肺活量大就让他吹乐器,手指修长就让他练钢琴……这样相当于进一步挖掘了孩子的潜力，发挥优势永远比修补劣势更容易。

>>> 孩子是否有兴趣

兴趣是最好的老师，这句老生常谈的话，永远不过时。每个孩子的性格不同，爱好也不同。有的孩子喜欢音乐，有的孩子喜欢踢球，有的孩子对画画感兴趣。在报兴趣班之前，父母一定要和孩子商量，然后去上体验课。只有孩子对这个班充满兴趣，他才会努力主动去学习。

有的父母反映说，体验课上得挺好，但学什么都是三分钟热度。这是因为孩子年龄尚小，对很多事物表现出的热情仅仅是好奇，这种好奇心持续时间很短。很多父母一看孩子感兴趣就匆匆为孩子报班，就是被这种好奇心误导了。父母要留心观察，用心感受，分清孩子是真正的热情还是一点好奇。

比如，通过延迟满足的方法来测试孩子，当孩子说想学小提琴，不要急着满足，而可以设置具有一定难度的目标，让他去争取。孩子通过付出努力获得机会，自然会倍加珍惜。很多时候，孩子三分钟热度，无非是父母满足得太快。今天刚刚在商场的钢琴那抚摸了一下琴键，当时就给报了一个钢琴班，第二天就火速定了一台钢琴回家，然后第三天就开始抱怨孩子对钢琴没兴趣了。变的不是孩子，而是父母在报班之前并没有确定孩子能持续在这一领域保持兴趣。

>>> 年龄是否合适

兴趣班要符合孩子的年龄发展特点，比如小提琴需要单手拿琴站立演奏，孩子到了五六岁，手部和双臂才有足够的力量支撑，太早学不合适。书法课不宜在大班前开始，因为书法不仅要识字，涉及的文字知识比较复杂，还有循规蹈矩，更需要专注力。大班前的孩子手部肌肉没有发育好，孩子太小注意力也容易分散，理解力比较浅。而戏剧，只要孩子有志于此，从3岁到成年，任何年龄都可以。培养兴趣，不必操之过急。

对大多数孩子来说，出了兴趣班，最终还是要回到中高考的大部队里。兴趣班不是成才的关键，尤其是孩子没有天赋，不能让父母相信他未来能在兴趣上出类拔萃，那就不必太焦虑孩子多学或者少学一门技能。父母的目的无非是让孩子通过兴趣班拓展一下视野，或者有一个感情寄托，再或者现实一点，能在文艺晚会或年会上有一个拿得出手的技能。既然如此，选择一两个合适的爱好坚持下去就足够应对。

2. 幼升小焦虑：做好准备，顺利入学

距离上小学还有一年时间，幼升小的焦虑就已经如同硝烟一样蔓延开了。关于幼升小的焦虑主要有两个，一个是学前教育焦虑，即要不要上幼小衔接班；一个是择校焦虑，即选择什么样的小学。下面，我们依次具体分析。

>>> 要不要上幼小衔接

首先，我们做父母的要认清一个现实。不要把学前教育当

成完美的跳板，认为只要上了学前班，小学就会一帆风顺，也就是说学前教育仅仅是一个过渡，使小学阶段不那么突兀。对于不上学前班的，也不要抱着侥幸心理，认为自己的孩子天资聪慧，能在上过学前班的孩子堆里逆袭，别人的时间和金钱也不是白花的。

不过，也不要盲听盲信一些传言。比如，"一个月学完拼音，多数孩子会的就不讲"的现象并不是真的。还有"数学不上学前班，上学后可能跟不上。"这个的确是真的，别人都会100以内加减法了，你的孩子才开始学10以内的。但这种优势最迟到小学一年级结束也就消失了。

认清现实，保持清醒的头脑，有助于我们更客观地看待幼小衔接。如果不上学前班，父母要允许孩子在半年乃至一两年内，成绩不那么出色，甚至自己因为孩子的成绩而被老师约谈。如果是这样，还要保证自己依然能心平气和地帮助孩子，鼓励孩子，而不是生气和打击，并且能抑制住自己马上给孩子报个课外补习班的冲动。如果上面情形有一点不能保证，并且自己还是网上流传"丧偶式育儿"，那建议还是从众，去上幼小衔接。当然，这里的幼小衔接也包括幼儿园设置的幼小衔接课程，现在很多幼儿园都有。不过，这里有一个度，不要逼孩子太紧，尽量寓教于乐。同时，避免前面所讲的超前教育，让孩子对小学即将学的知识有所认识即可。如果幼小衔接时，就给孩子施加过大压力，很可能导致对小学恐学厌学。

另外，如果打算去需要面试的私立小学，或者需要通过面试才能进入的公立小学，建议还是让孩子上幼小衔接比较保险，至少要保证孩子有资格站在起跑线上。

>>> **如何选择小学**

印度电影《起跑线》讲述了一对中产阶级夫妇，为了让女儿皮娅从小就接受优质教育，而挖空心思择校的故事。

影片一开始，妈妈米塔就拿着印有名校排名的杂志对丈夫念叨："皮娅如果不能进好的幼儿园，就上不了一个好小学，上不了一个好小学就上不了好中学……因为进不了好学校，她就学不好英文，别人说英语，她就会惶恐，然后沮丧，无法融入社会，她要是吸毒怎么办？！"

丈夫拉吉虽然很怀疑这个杂志排名的可信度，但他还是按照妻子的要求去做了。尤其是当他看到周围的人更疯狂的择校行为时，拉吉和妻子一样也被焦虑附体了。为了把女儿送入名校，两个人拼命折腾，跻身富人阶层、托关系走后门、扮成穷人搬入贫民窟……期间出尽洋相，也受尽内心的煎熬。

"小学进不了重点，就意味着读不了好初中，读不了好初中，意味着读不了好高中，那重点大学就没希望了。"这是很多父母的焦虑所在，也足以表明对幼升小的"关怀"程度。

很多父母以为，小学是孩子求学生涯的最关键期，一定要找最好的学校，为此不惜顶着巨大的压力购买学区房。不可否认，由于教育资源的分配问题，的确存在好学校和差学校，但好与差只是相对而言。事实上，小学阶段的教育，主要任务是积累并认识汉字，掌握加减乘除一些基本的数学知识，接受一些基本的品德教育，初步学会运用手脑、智慧和体力，为素质教育的推进打好基础。而且小学大部分的教育都是灌输式的，孩子基本都能掌握。因此，父母一定要清醒地认识小学阶段的学习特征，不要误以为小学对孩子的未来起着多么关键的作用。

那么，如何给孩子选择合适的小学呢？

（1）不迷信所谓的排名

重点小学一般都有一定的历史，优势和资源明显，但劣势也不是没有。比如有的重点小学故步自封发展缓慢。所以，父母在看排名的同时，更要关注学校的潜质。父母可以考察学校的师资力量，校风校训，治学理念等，一个好的学校是充满活力的，理念先进的。一个有发展潜质的，处于上升期的学校自然也是值得选择的。

（2）班级人数不要过多

一般来说，一个班三四十个人比较合适。如果超过60人，就太多了。人数太多，老师就没有精力和时间根据孩子的不同因材施教，班级管理也很难到位。

（3）了解孩子是否适合寄宿

个别小学要求寄宿，父母要考虑自己的孩子是否适应寄宿的环境，而不要以为别人的孩子可以，自己的孩子也可以。孩子与孩子是不同的，有的孩子自理能力强，可以寄宿。有的孩子自理能力差，就不适合寄宿。如果选择寄宿制小学，一定要做好心理和生活上的准备。

（4）选择有特色的学校。

有的孩子在音乐、美术，或者武术等方面有天赋，父母有意定向培养，可以根据孩子的兴趣选择一定的特色学校。比如一些有特色的大学附小等，老师都会在正课之余加强对孩子的兴趣培养和指导。

（5）公立还是私立

多数父母总是认为价钱昂贵的私立小学当然要比公立的好，但评判学校的标准并不只有学费的高低。公立小学也有优势，比如离家近，没有学费等。家长还是要根据家庭经济收入来决定上公立还是私立学校，合适的学校就是最好的学校。

3. 吃零食焦虑：欲望宜疏不宜堵

我们总是听到："别给孩子吃糖，会蛀牙。""别给孩子吃零食，影响智力发育。"于是，零食就成了孩子和父母之间的最大战争导火索。但父母过度的担忧和限制，反而会带来更大的危害。

新闻报道，一个5岁的小女孩差点被人贩子拐走，原因竟然是人贩子手里有糖。而她在家里，无论是薯片，还是糖果，妈妈都不允许她吃。一颗糖差点毁了孩子一生。

有调查显示，不被允许吃零食的孩子，会对吃的东西特别敏感，甚至会为了吃的做出一些出格的行为。曾有一个7岁的孩子在超市里偷吃零食,问他原因,竟然是他的爸爸妈妈从不给他买,自己没办法才去偷。另外,从小在父母那里得不到零食的孩子,长大后会觉得父母亏欠了自己,影响亲子关系。而且孩子在不被允许的环境中长大,很容易养成不好的性格。

孩子的欲望就像洪水,宜疏不宜堵。尤其是那花花绿绿、香甜酥脆的各种零食,孩子根本就抵抗不了,一味禁止只能适得其反。

凯叔讲他家二女儿在3岁的时候,特别想吃口香糖,奶奶不给吃,因为她太小,怕她把口香糖咽下去。但她特别想吃,看到姐姐吃就哭。

凯叔觉得一直压抑孩子不行啊,就教孩子怎么吃口香糖,嚼完吐出来。教完后,就随她吃去了。然后,凯叔发现,她一天能吃两瓶口香糖!

凯叔知道这是压抑太久的结果,就和妻子忍住没制止。果然,后来越吃越少,到最后一天一颗,或者不吃,到后来也不怎么吃了。

每个人都要学会和自己的欲望相处,而吃零食恰恰是我们教孩子学会和自己的欲望相处最好的机会。父母要调整自己的认知,给孩子一个有颜色有香味回忆的童年,而不是一个寡淡的乏善可陈的童年。

>>> 选择健康的小零食

父母之所以对孩子吃零食这件事非常焦虑,是因为觉得零食就是垃圾食品。像薯片、冰激凌、饼干、饮料等零食中都含有各种各样的甜味剂、香精、色素，吃多了自然影响孩子健康。但适量的吃，并没有父母想象的那么可怕。而且，一个孩子的童年怎么可以缺少零食带来的快乐呢？

更何况零食不仅仅指巧克力、薯片等高热量、膨化食品，零食也有健康的，也有对小孩身体有益的。在选择零食的时候，可以选择健康的绿色食品，比如水果、果干、奶制品、坚果等，避免选择高脂肪和高糖。饼干类食品的成分表格里如果含有植物奶油、植物黄油此类成分，不建议给孩子食用。

如果有条件和时间，父母可以制作一些小点心给孩子吃。这比购买的加了过量油脂和糖的零食更健康，更有营养。父母也许会说，孩子根本不喜欢吃自制的小食品。没错，那是因为购买的零食添加了更多的糖和盐，往往更甜、更有味。因此，在给孩子选择零食时，要特别注意这一点，可以自己先品尝，挑选不那么重口的食物。让孩子习惯淡口味，避免养成重口味的偏好。

>>> 零食可控

零食并非只有坏处，只要能节制食用，还能在三餐之外保证孩子的营养摄入。因为孩子的胃容量很小，运动量又相对较大。只有三餐显然是不能满足孩子的身体需求，这时就需要零食来锦上添花。

世界卫生组织表示，小孩一天最好保证3至4餐，两餐中间适量给点小零食补充能量。当然，应避免在餐前吃零食，吃零食与吃正餐相隔时间可以久一些，而且食用零食的量一定不要多于正餐。在选择零食上，糖果饼干类的食品由于体积小，能量很高，其他营养成分又少，不要一次性买大包装，每次给孩子的量要控制。

也就是说，父母不仅可以选择给孩子零食的种类和多少，也可以选择孩子吃零食的时间，所以完全不必谈零食色变。

>>> 不要用零食去哄骗孩子

研究发现，早期接受听、嗅、触、味等多刺激的脑组织会发育得更好。当孩子哭闹，多半是因为产生了新的需求，比如玩腻了一个玩具，说明他需要新的刺激来满足自己。如果父母每次都用零食"堵"孩子的嘴，孩子得到的就是单一的食物刺激。结果是，孩子的食物中枢越来越发达，变得越来越贪吃，其他中枢神经的发展则会受到阻碍，最后可能导致孩子智愚体胖。而且一旦让孩子意识到"哭闹就可以得到好吃的"，孩子也会增加哭闹的次数。

虽然零食很容易让哭闹的孩子安静下来且屡试不爽，父母要戒掉这个方法非常困难，但比起亲手培养出智愚体胖的孩子，还是多发展一点其他哄孩子的方法吧。比如讲故事、捉迷藏、蹦蹦跳跳、让孩子帮忙做饭，等等，很多事都可以分散孩子的注意力。

>>> 吃完零食刷牙漱口

经常见很多孩子满嘴蛀牙，父母无奈地说都是吃糖太多的缘故。其实，这是可以避免的，比如吃完零食之后，让孩子养成漱口、刷牙的好习惯。

>>> **让孩子参与日常烹饪**

自己做的饭菜最香,小孩子对烹饪总是有着异乎寻常的热情,父母不妨让孩子参与烹饪,来培养孩子对健康食物的好感,增加孩子对正餐的期待。满足的正餐,也可以降低孩子对零食的欲望。

零食对于孩子来说,并不是毒蛇猛兽。帮孩子建立健康的饮食习惯和零食结构,引导其科学、有节制地吃零食,除了可以消除零食对健康的负面影响,还可以教孩子和欲望相处,锻炼判断力以及自控力。

4. 玩电子产品焦虑:禁不如管,正确引导是关键

如今,孩子们对手机、iPad、电脑的依赖,几乎没有一个父母不为之发愁。焦虑孩子因为看电子产品伤害视力,影响大脑发育,破坏孩子的专注力,甚至因为接触不良内容而耽误学业,或者学坏。但不给孩子看手机、玩电脑孩子就哭闹不止,所以,多数父母是一边焦虑烦恼电子产品带来的伤害,一边无奈纵容孩子的行为。

电子产品的危害的确不小,但在大环境下,绝对禁止也不太可能。但孩子对电子产品的依赖,首先要追溯到父母自己的偷懒。比如,太多父母为了能让闹腾的孩子安静一会,就直接扔给孩子一部手机,一个iPad,或者打开电脑上的动画片。这是极不

负责的做法，孩子倒是暂时消停了，但玩手机的坏习惯也就这样养成了。

电子产品是把双刃剑，坏的一面会让孩子沉迷其中，失去自我；好的一面是拥有大量的信息和知识，开拓孩子的眼界。"堵不如疏"，越是禁止，孩子越要反抗。父母可以在网上找一些有趣、益智的小游戏，陪伴他一起玩。既能防止孩子在网上学坏，又能增进亲子感情。

我们要明确的还有一点，就是父母担心的玩电子产品导致近视的问题。电子产品之所以导致孩子近视，多半应归咎于错误的使用习惯。比如，电子屏的光线太暗或者太亮，使用的距离太近，室内照明条件不达标，使用的时间太长等。孩子的生活里注定少不了电子产品，合理引导正确使用是关键。那么，如何正确引导孩子玩电子产品？

>>> **保持正确的姿势**

使用电子产品时，让孩子背部挺直，肩部放松，不要头部前倾或后仰。屏幕应该位于眼睛平视平面之下大约15度，眼睛距离屏幕大约半米。作为父母，也要记住，千万不要躺在沙发或者床上玩手机，以免孩子模仿。

>>> **坚持"20-20-10"原则**

"20-20-10"的原则是每玩20分钟，注视20英尺（大约6米）以外的地方超过10秒钟，这个方法可以缓解孩子的视觉疲劳。

>>> **规定时间**

小孩是没有时间观念的，父母一定要和孩子约定玩的时间，什么时候可以玩，可以玩多久，遵守规则的话下次还可以玩；不遵守规则，下次不让玩。一旦规定了时间就要坚决执行，不能因为孩子哭闹而妥协。当孩子有了规则意识，养成了习惯，就不再无理取闹，执行就会变得容易。

>>> **带孩子做更有趣的事**

孩子之所以依赖电子产品？多半是因为无聊。如果有比看手机、玩电脑、iPad更有趣的事吸引他，他自然会选择更有趣的事。当父母抱怨孩子沉迷电子产品的时候，想想自己是否愿意陪孩子去楼下跳绳？是否愿意陪孩子玩角色扮演？是否愿意陪孩子玩过家家、捉迷藏、老鹰抓小鸡、表演节目等游戏？是否愿意给孩子讲故事？是否愿意和孩子聊聊他感兴趣的事？如果你不愿意在陪伴上付出时间和精力，那就别怪孩子把注意力放在电子产品上。

父母还可以多方面培养孩子的兴趣爱好，如阅读、运动、旅行、音乐等，兴趣爱好越广泛，孩子闲暇玩手机的时间就越少。

>>> **补充维生素**

如果孩子用电子产品较多，平时要注意更多补充眼睛所需的维生素及矿物质。维生素A有助于调节视网膜的感光物质，可减轻视觉疲劳。富含维生素A的植物性食物有绿叶菜类、黄色菜类以及水果类，如菠菜、豌豆苗、薯类、南瓜、胡萝卜、青椒等。富含维生素A的动物性食物有猪肝、未脱脂奶制品、禽蛋等。

另外，β-胡萝卜素有补肝明目的作用，也有保护视力的作用。富含 β-胡萝卜素最丰富的是绿叶蔬菜和黄色以及橘色水果，如胡萝卜、生菜、菠菜、马铃薯、西蓝花、哈密瓜、冬瓜等。一般来说，越是颜色鲜艳的水果或蔬菜，β-胡萝卜素含量越丰富。

科技时代，适当给孩子玩一玩电子产品必不可少，相信只要父母控制好，利总是大于弊的。

5. 权威焦虑：都是育儿专家，到底听谁的

我们这一代，因为在育儿道路上毫无经验，同时又因为受过一些教育，不肯臣服于那些陈旧的教育理念，所以对儿童教育领域的权威专家难免依赖。但即便是教育大咖也会被"打脸"。

比如，鼎鼎有名的儿童心理学家让·皮亚杰，他创立了儿童心理发展新学说。即便是这样一位权威人物的观点也不全都是对的。

让·皮亚杰有一个著名的"三山实验"，实验内容是准备三座高低、大小和颜色不同的假山模型，先要求孩子分别从模型的四个角度观察，然后让孩子面对模型而坐，在山的另一边放一个娃娃。最后，请孩子从四张图片中选择，哪一个是娃娃眼中看到的山。

实验的结果是，孩子们无法完成这个任务。他们只能从自己的角度来描述"三山"的形状。皮亚杰以此来证明儿童的"自我

中心"的特点。这个著名的实验，广受争议，最终被证伪。

在近代，育儿理论也是百家争鸣，不同的教育专家之间常常也会意见相左，各执一词，谁也无法说服谁。

如今我们常常在各大视频网站看到的李玫瑾教授，她长期从事犯罪心理和青少年心理问题研究，提出的育儿观念深受欢迎。但她的教育理念却不被另外一位育儿专家尹建莉老师认同。尹建莉不仅是知名高校的教育硕士，从事一线教育工作十余年，而且养育了一个分外优秀的女儿，出版了畅销书《好妈妈胜过好老师》。

李玫瑾教授的育儿观念比较强势，注重父母对孩子的干预，而尹建莉老师则主张父母应给孩子更多的爱和自由。对育儿专家之间的较量，父母们会觉得他们都是专家，说的都有道理，到底该听谁的？要解决这个问题，我们首先要弄明白自己为什么愿意听育儿专家的。

父母们之所以愿意听信育儿专家的话，归根结底是担心自己教不好，尤其是新手爸妈。就像林志颖在节目《爸爸去哪儿》中唱的"这是第一次/当你的老爸/我们的心情/都有点复杂……"相比于自己的0经验，或者较低的文化水平，教育专家的权威性当然更容易捕获父母的信任。

但就像尽信书不如无书，教育专家即便资历再深，再耀眼，毕竟也是人，也难免会犯错，提出的育儿观念有时候也会有失偏颇。那么，该如何理智看待教育专家提出的育儿理念？

>>> **结合实际**

再好的育儿理念，如果不适合自家孩子也没有价值。教育专家提出的理念针对的是大多数孩子，而你的孩子可能恰恰是那一少部分孩子。因此，听取专家的话要结合自己孩子成长的实际情况，不能盲目照搬。

崔玉涛医生曾说："医术其实是艺术，要看人，不是看数据"。育儿也是一样，养育知识也要因孩而异。很多理论看起来很有道理，放在个体上却不一定能达到预期的效果。要找到真正有效的方法，必须自己在育儿实践中摸索。

比如，很多专家都在说大吼大叫是教育的大忌，这听起来完全正确。于是，很多父母就开始禁止自己对孩子喊叫。但他们只是把声调降低了，怒气依然在内心翻滚，控制一段就会以失败告终，然后陷入自责——降低声调——发脾气——自责的恶性循环。

其实，不对孩子吼叫并不是简单的放低声调，柔声细语，那种竭力压制的温柔式威胁的杀伤力也不亚于大吼大叫。不对孩子吼叫应该从真正理解孩子和自己开始，当看懂孩子的需求，同时把自己的心情照顾好，不需要压制，也不会发脾气。

教育孩子是个摸索的过程，就算有专家的权威指导，也仍然会在实践中走一些弯路，直到慢慢摸索出适合自己孩子的方法。就像学习，学霸的学习方法直接复制到你的脑子里，你也不会一下子成为学霸。在育儿的道路上，去摸索，去观察，慢慢才能总结出适合自己孩子的方法、经验。

>>> **辨证看待**

一个观点的正确是建立在一个对的环境背景里的。如果忽略背景，简单一分为二非黑即白地看待问题，也是会出差错的。

大家都熟悉著名的棉花糖实验，实验对象是一群4岁左右的孩子，实验人员给他们每个人一块棉花糖，并承诺如果可以忍住不吃，等实验人员回来，就能再得到一块棉花糖。如果忍不住吃掉，就得不到后面的奖励了。经过跟踪发现，等待时间越长的孩子，学业成绩越好，处理挫折和抗压能力也越高。

这个实验结果得到了很多专家的大力宣扬，他们认为通过"延迟满足"可以让孩子学会等待，学会忍耐。其实，这实验里的孩子多来自美国富裕中产家庭，且不说棉花糖对他们的诱惑力有多大，单单是他们的家庭背景就不具有人口样本的代表性。

而且，这个实验考察的是奖励动机对孩子的影响，对于动机强的孩子来说，延迟满足的确可以激发他们的内驱力，但这也很可能低估了那些低动机孩子的潜力。如果你的孩子恰好就是动机弱的孩子，那完全可以用其他方式激励孩子。更何况孩子的自我控制力也是有一个发展过程的，并非天生就具备。

所以，任何事情都不是绝对的，在育儿道路上，面对那些权威的人物或者理论，也要辨证去分析，避免因为理解肤浅而导致错误应用。

保持冷静和理智，要从权威那里汲取营养成分，但绝不要盲听盲从。不用怀疑，教育自己的孩子，真正的权威，就是你自己。

6. 网络育儿信息焦虑：如何科学甄别和判断

有人调侃说，身体不舒服不能查百度，越查心越慌，本来吃多了消化不良，也能查出胃癌晚期。育儿也是一样，网络信息庞杂，什么时候断奶？什么时候加辅食？婴儿自己睡小床好不好？什么时候学英文？夏天要不要穿袜子？……

孩子的成长过程充满了让年轻父母焦虑的知识点，只要是当妈的，一定在百度或者谷歌求助过宝宝的问题，然后面对各种各样五花八门的，甚至自相矛盾的答案，不知所措。

网络信息为何不靠谱？受限于篇幅的限制，一篇文章通常只能表达一个观点，自然无法做到足够严谨，而且文章还受限于作者的认知范围以及经验。当未经过滤的网络信息劈头盖脸地向我们砸来，我们该如何练就一双火眼金睛，分辨真伪呢？

>>> **确保知识的来源靠谱**

曾有一则标题为"迷信育儿公众号自愈理论，宁波女婴高烧近40℃其母不让去医院"的新闻刷爆了朋友圈，评论区一大堆人骂育儿公众号不靠谱。的确，一些公众号都是作者的一家之言，一些观点并没有得到求证，若是盲目相信，定会误了大事。那么，我们从哪里能获得靠谱的育儿知识呢？

这里推荐一个比较权威的中英文网站：

（1）dh.gov.hk（香港卫生署官网）

在首页点击右边"家庭及学生健康处"版块，里面包括"家庭健康服务"和"学生健康服务"。父母可以在"家庭健康服务"版块查找产前以及产后服务、母乳喂养、儿童健康、亲子教育等相关知识。香港的饮食习惯和内地接近，比较具有参考性。

（2）who.int/zh（世界卫生组织官网）

在首页左上面点击"健康主题"，出现"所有主题"四个字，点击后会跳出一个按照英文26个字母按顺序排列的目录表，每个字母下面的话题是关键词的首字母。比如，c下面的话题有癌症（cancer），儿童健康（child health）。宝爸宝妈根据自己的需求查找就行了。

（3）guokr.com（果壳网）

果壳网是国内比较知名的有趣又有料的综合型科普网站，在首页的"科学人"版块，与儿童健康相关的一些科普作者发布的育儿知识，非常值得学习。比如果壳童学馆发布的《用这个方法"遛"公园，每个孩子都能在家门口探索世界》，还有《没有专业背景，如何引导孩子学画画》等文章，既有趣，又接地气。

（4）www.babytree.com（宝宝树）

这是国内非常受欢迎的母婴网站。该网站首页有"备孕、怀孕、0～1岁、1～3岁、3～6岁"的栏目，父母可以根据自己的实际情况准确定位搜索。

（5）mama.cn（妈妈网）

妈妈网也是非常受欢迎的母婴网站，和宝宝树相似，首页有亲子、备孕、怀孕、新生儿等栏目。

另外，国内的贝贝网、育儿网、蜜芽Mia、妈妈帮等也是很受欢迎的母婴网站。还一些外文网也比较权威，值得借鉴。比如美国儿科学会官网（aap.org）。《父母世界》杂志官网（parents.com）。澳大利亚权威育儿网站（raisingchildren.net.au）。

>>> 注重知识的时效性

除了需要注重育儿知识的来源，还要注重知识的时效性。时代在进步，育儿知识也需要不断更新，一些过时的知识会逐渐被淘汰。比如，关于添加蛋黄、海鲜类的高致敏食物，在美国儿科协会第4版建议晚添加，但第5版就更新为晚添加并不会降低过敏风险。

所以，父母要学习和掌握比较前沿的育儿知识和观点，避免淘汰的知识贻误孩子。

>>> 知其然还要知其所以然

很多父母只看到网上说不要这样做，不要那么吃，却不知道为什么。比如，我们都知道不要给1岁以内的孩子吃盐，但为什么不能吃盐，又不能说出个所以然。实际上，不吃盐是为了控制纳的摄入量。纳是人体微量元素之一，1岁之内的宝宝肾脏功能发育不全，奶粉里含的纳已经足够，不需要额外摄入。

多问为什么，了解背后的原因，我们就不那么容易焦虑，比如看到奶酪里含盐就不敢给孩子吃了，而是可以放心地选择低钠高钙的奶酪。

>>> **多看权威的育儿书**

书上的内容是经过删选和过滤的，是经过审核的，要比网上那些随意发布的内容靠谱多了，尤其是比较经典的育儿书。比如，有人说，每个父母都要看两本书《正面管教》《非暴力沟通》。樊登读书会发起人樊登老师曾说，这两本书，哪怕你认真看懂一本，也够用了。

相较传统育儿理念，新一代家长追求科学育儿，所以对互联网依赖程度日益增高，育儿观念也更加开放，自主学习能力较强，这是好事。但育儿从来不是断章取义就能解决的，面对纷杂的信息，父母只有不断学习提高自己，才能去伪存真。

7. 成才的焦虑：确定育儿的长远目标，摆脱焦虑

一位著名的教育学家曾说："教育是帮助一个孩子在未来的生活中更成功地寻求自己的幸福，如果我们现在的教育，不能为孩子的未来奠基，那我们的孩子 30 年后一定会被全新的社会所抛弃。"父母应该认识到"教孩子三年，一定要为孩子未来想 30 年"。真正智慧的父母不会只盯着眼前，而是聚焦孩子的一生。

太多父母总是不由自主地把孩子的人生当成短跑比赛，恨不

得孩子一战成名，摔一跤好像一辈子都毁了。当父母认为孩子的任何一次考试，任何一次活动，都可能会影响孩子的一生，那么一点点风吹草动都会变成孩子生活中的老虎，父母和孩子就会天天生活在紧张焦虑之中。

人生是马拉松，暂时的领先和偶尔的摔跤并不能影响大局。就算幼儿园的孩子已经能做小学四年级的题目，孩子为此出尽风头，父母荣耀之至，但这对孩子长远的未来未必是一件好事。

中美教育和文化比较专家黄全愈在一次采访中，讲述了自己初到美国的故事。他的儿子矿矿在国内幼儿园已经学习了不少小学的知识，到美国后，又在家自学了一些数学。一年级时，矿矿的数学在班里遥遥领先，即便是六年级的数学也能应付自如。第一学期结束，黄全愈给老师发邮件，申请让矿矿到三年级插班上数学课，被数学老师拒绝了。

数学老师在回信中这样写："我们的目标是培养孩子独立思考、解决问题的能力，让孩子为自己的能力感到自信，从而更加珍视数学。"

当时，黄全愈很不服气，不明白掌握了六年级知识的孩子为何不能跟着三年级的孩子上课？但是后来发生的事，才让他恍然惊觉数学老师是多么诚恳，又多么富有远见。

虽然矿矿的数学成绩依然很棒，高中的时候就把大学的微积分完成了，美国的高考数学成绩几乎满分。但是，上大学后，他千方百计不去选修数学，尽管数学曾给他带来很多荣耀。黄全愈也在矿矿身边的同学身上发现了类似现象，他们无一例外曾因为数学出尽风头，但绝大多数最后都对数学敬而远之，甚至望"数"生畏。

黄全愈说，多年后再来看数学老师的回信，不禁万分感慨。有多少父母被困在让孩子小时候取得成绩的牢笼里，并为此不惜牺牲孩子的童年，让各种补习班填满孩子的时间。事实上，有调查显示，过去几十年的状元们都回归了平常，极少在学术领域范围内做出成就。所以，父母必须要停止去用孩子在18岁之前的成就来定义成功，要把目标放长远，培养有后劲的孩子。

>>> **找到教育的终极目标**

静下来想一想，我们究竟想要培养一个什么样的孩子呢？或者说，培养孩子的终极目的是什么？也许每个父母的期望不同，在《育儿的逻辑》一书中，作者认为培养"令人喜欢和尊敬"的孩子是养育的终极目标。

作者在书中强调到"令人喜欢而不是讨人喜欢"。令人喜欢和讨人喜欢是两个截然不同的概念，令人喜欢指依靠个人的素质和魅力，主动吸引周围人的关注，自己拥有是否接受对方的权力。讨人喜欢则是通过刻意迎合去讨人喜欢，只能被动选择。

为什么要培养令人喜欢的孩子？因为令人喜欢的孩子不仅会有更多的机会资源，也会更有幸福感，同时也会因为更容易获得认同感而增加内驱力。

当孩子呱呱落地，我们的愿望是什么呢？快乐就好？考上名牌大学？找一份稳定的工作？还是拥有一个幸福的婚姻？无论你的教育目标是什么，可以肯定的是没有父母想要培养一个高分低能，只会考试的孩子。

如果你希望孩子做一个幸福的普通人，那就培养他乐观的性格，让他为有意义有价值的生活感到高兴；如果你希望他在学业上有所成就，那就培养他的自主学习力、独立思考力；如果你希望孩子未来能做自己喜欢的事，那就给他足够的时间去探索自己。

想象一下，孩子30岁的时候站在你面前，你希望他是什么样子呢？写下来，然后拿来与让你焦虑的当下去对比，看看是不是有焦虑的必要？比如，孩子没进入一个好的小学，是不是就意味着一辈子的幸福就毁了？这听起来就像个笑话，但多少父母在生活中当真了。

>>> 关注孩子30岁后应具备的素质

父母多半的焦虑都是关注当下产生的，比如孩子上公立还是私立，报什么样的兴趣班，考试排名第几。可是对于未来孩子需要什么样的生存能力却少有关注。当孩子进入社会，团队协作能力、抗挫折力、创新力等，这些软能力都远远比那些简单量化的硬标准更重要。

如果父母早点开始关注孩子30岁后需要具备的素质，为孩子将来的发展做准备，对于孩子在童年和青少年的理解就宽了，也就不会因为某个当下产生过度焦虑。比如不会为孩子3岁还不会唱英文歌而焦虑，也不会因为孩子6岁还不会20以内加减法而焦虑，这样教育就会轻松很多。

一颗小树苗长大成大树尚且需要十几年，乃至几十年的光阴，我们培养孩子成才自然也不能求于一时。小时候暂时的领先和优秀，看起来是让孩子赢在了起跑线上，但并不等于让孩子赢得未来。关注教育的长期目标，才能真正做到尊重孩子成长的规律，才能在众声喧哗中保持理性和从容。

8. 亲子关系的焦虑：和孩子共同成长

父母为了孩子都恨不得倾尽所有，牺牲一切。在父母眼里，孩子是自己生命的延续，是家的希望，把孩子培养好，就是自己最大的事业。当父母放弃自我，一门心思培养孩子，没有孩子能承受这份压力。因为父母放弃的那一部分自我，会在潜意识里在孩子身上寻求"弥补"。一旦这种"弥补"失去分寸，亲子关系就会蒙上阴影。

电视剧《小欢喜》里陶虹扮演的宋倩，她对女儿英子的爱就是全包围式的。为了陪英子高考，作为中学特级教师的她毅然辞职回家照顾女儿的饮食起居。为了更方便全方位地看管英子学习，她甚至把女儿卧室的墙壁打掉，换成透明的隔音玻璃。

不仅在学习上严格监管，她把英子生活的方方面面也都管得死死的，英子绝没有一点脱离监控的缝隙。比如，她没收英子喜欢玩的乐高，不许英子去最爱的天文馆，还每天逼她喝"提神醒脑"的汤。她执意让英子报清华，反对她去南京大学。只要英子表现出一点抗拒，她就开始哭闹，数落自己的种种不容易，进行亲情绑架。宋倩以爱为名的控制，让英子像一个没有想法和情绪的木偶。最后，英子被逼得了抑郁症，要跳河自杀。

我们的身边也有太多这样为了孩子牺牲自我的妈妈，为了孩子的兴趣班、补习班费，买打折的衣服，用廉价的化妆品，吃便宜的饭菜。为了有更多的时间陪孩子，放弃晋升的机会，放弃出国深造的机会。

这种牺牲式的爱看起来伟大无私，实际上不过是演了一场自我感动的戏。因为妈妈这种放弃自我成长，将自己的付出当成孩子成才筹码的爱，根本就不是孩子需要的。何况，当妈妈放弃了自己，就会对自己的现状越来越不满，进而把这个结果归咎在孩子身上。结果，就会变本加厉在孩子身上寻求弥补，表现为对孩子要求愈加严格，控制欲加码。事实上，最好的亲子关系，不需要父母做出伟大的自我牺牲，也不是逼迫孩子独自向前。而是和孩子一起进步，共同成长。

在央视《面对面》采访专栏中，董卿讲述了自己生孩子第一年的心路历程。那段时间，生活的重心完全转移到了孩子身上，每天关注的都是孩子的吃喝拉撒。她开始思考，究竟是应该一心一意陪伴孩子成长，还是继续追寻自我的成长与突破？

董卿说，她很长时间都处在一个迷茫的状态。直到有一天，一个朋友对她说:"如果你希望孩子成为什么样的人,就先成那样的人。"

董卿眼前一亮,她决定重返舞台,她想要变得更好,这样孩子在未来除了爱她,还会尊敬她。孩子成了董卿新的努力动力。她筹备的节目《朗读者》,一经播出,即获好评无数。

这并不是主张有了孩子之后,妈妈都必须放下孩子,出去工作。而是说,无论是做全职妈妈还是职场妈妈,都不要放弃自我成长。最好的陪伴,是给予孩子榜样的力量。

著名学者朱永新先生曾谈到过父母跟孩子共同成长的几个重要元素:理想、阅读、习惯、敬业和家庭。下面,我们来分别解读一下:

>>> **理想**

如果父母希望孩子是个有理想的人,父母自己首先要有理想,有追求。父母为了理想不停奋斗的身影,就是孩子心中的一道光,潜移默化地对他起到激励和鞭策作用。

>>> **阅读**

阅读是成长之基,其重要性怎么强调都不过分。好的父母不只是逼孩子阅读,而是陪孩子一起阅读。在孩子小时候,不仅要让孩子经常看到自己在看书,坚持在睡前给孩子读书,而且要经常带孩子逛书店和图书馆,平时鼓励孩子去查资料寻找问题的答案。

>>> **习惯**

孩子的习惯最初都是从父母身上习得的,无论是说话、走路,还是读书、待人接物。如果父母希望孩子有一个良好的习惯,那就以身作则,和孩子一起保持。而不是自己玩手机,却要求孩子去看书,让孩子内心不服。

>>> **敬业**

敬业是态度,也是能力。父母对工作的态度,影响着孩子未来职业的选择。如果孩子看到的父母在工作上充满上进心和热情,也会对未来的职业产生憧憬和向往。反之,如果父母总是在孩子面前抱怨工作,也会让孩子对未来工作产生厌恶和恐惧。

>>> **家庭**

好的家庭关系是互动的,比如和孩子一起健身,一起走进大自然,一起参观博物馆,一起学习英文……互动中一起探索,一起面对挫折,共同解决问题。当父母用孩子的成长促使自己进步,同时也用自身的成长带动孩子的成长,就能实现自己人生的第二次成长。

父母只有和孩子并肩奔跑,才能在思想和精神上和孩子保持同步。和孩子保持同步,才能打造健康有爱的亲子关系。

第三章

生养成本焦虑：根据家庭收入"烧钱"

1. 孩子的食物并不是越贵越有营养

一位宝妈说自己从孩子吃辅食就开始就购买儿童面条，她说儿童面条的价格从 20 元到 50 元不等。虽然这些面条都添加了菠菜汁、野菜汁等成分，但对于这种高消耗食材来说，真的快吃不起了。

父母总是觉得贵的食物才让人放心，也更有营养。而营养学家研究发现，并不是越贵的食物提供的营养物质越多，普通的食材营养也并不差。例如，拿一枚鸡蛋和一只鲍鱼做对比，它们的蛋白质的含量差不多。脂肪含量鸡蛋比鲍鱼高，鲍鱼的碳水化合物含量则比鸡蛋多。鲍鱼富含的钙、铁、硒虽然比鸡蛋多不少，但鸡蛋中的维生素 A、维生素 B_1、维生素 B_2 又比鲍鱼多。

孩子的生长发育需要充足的营养摄取，才能满足他们的需要。但这里所说的营养摄取，首先就是要求全面、均衡，食物的种类多种多样，没有一种食物可以满足人体所需的全部营养元素。父母在给孩子准备食物的时候，要注重将多种食物合理搭配，让营养更均衡，而不是单纯地认为贵的才是好的。比如，不能因为米饭、馒头只提供碳水化合物就忽略它们，也不能因为五谷杂粮非常便宜常见，就不给孩子吃。当它们共同作用在孩子身上时，一点也不比鲍鱼、鱼翅的营养更低。

给孩子的食物，不一定很贵，也能保证健康又有营养。

>>> **用母乳代替奶粉**

再贵的奶粉也不如母乳有营养。目前已知的母乳营养成分就有400多种，而配方奶只有40多种，母乳里面还富含宝贵的活性抗体及免疫物质。有人说什么母乳到了宝宝半岁就没营养了，母乳在妈妈生气时有毒，等等，都是没有事实根据的。

如果有条件一定要坚持母乳喂养，如果迫不得已必须选择奶粉，也不一定越贵越好。选择奶粉的标准首先是安全，其次是宝宝是否适应，吸收效果如何。只要宝宝不排斥，喝了没有便秘腹泻的情况，便便正常，就是很不错的选择。

>>> **多在家里做饭**

出去吃一餐，便宜的也要近百元。不要被那些所谓的营养丰富的中式快餐，或者是西式快餐所迷惑。叫外卖虽然便捷又省事，但自己动手也有特别的乐趣。尤其给孩子准备饭菜，更应尽可能自己动手，不仅更安全放心，也可以让营养更全面。比如，可以在白米饭中加入红薯或者玉米，这样孩子就能同时吃到3种食材。米饭中还可以加入杂粮或者豆类，一碗八宝粥就集齐了多种食材，不仅热量低，而且营养丰富。

给孩子的食物不只要考虑营养、味道，还要考虑外表是否漂亮、精美。有时候孩子爱吃一个食物，并不是因为喜欢这个食物的本身,而是被它们漂亮的外貌吸引。例如孩子喜欢喝酸奶,不是因为他们知道酸奶有多少价值,或酸奶多好喝,吸引他们的还有可能是酸奶的卡通包装。同理,孩子如果不爱吃蔬菜水果,不妨将蔬菜或水果,摆成好看的图案,或者孩子最近喜欢的动画形象。当食物变得好看有趣又好吃,自然会吸引孩子。

另外,别小看了配菜。炒豆芽时加点葱花,煲汤时加点香菜,做凉拌菜时放点蒜,这些看似不起眼的配菜,可以让食物的营养多样化。如果在正餐时想吃简单的面食,我们可以在煮面时放几片肉,卧一个蛋,再加一点蔬菜、海产品等,营养又美味。

>>> 和孩子一起吃饭比吃什么更重要

爸爸妈妈结束了一天忙碌的工作,孩子结束了一天的学习,聚在晚餐桌前,聊聊一天的见闻,实在是一种美好。对孩子来说,那温暖的灯光,亲切的笑容,温柔的声音,和谐的氛围,远比吃什么更重要。

美国教育学家莎莉·路易斯在她的作品《唤醒孩子的才华》中写道:"有人研究哪些因素决定了孩子的学习成绩。其中智商、物质条件、社会地位都不及一个更微妙的因素重要,那就是,与爸爸妈妈一起吃晚饭。"

另外,美国还做了一项关于"孩子和父母一起吃饭的频率和身体健康的关系"。研究数据确认,每周和父母一起吃晚餐的次数超过三次以上的孩子,发生肥胖的概率明显降低。而且这些孩子摄入不健康食物的数量减少，患上厌食症、暴食症的风险也会减小。

需要注意的是，不要在餐桌上教训孩子。如果是那样，孩子通常是低着头吃饭，心里堵着气，即便口中答应着，心里也实则反抗。那样，不仅教育的话语不会产生多大的效果，还会影响孩子的肠胃消化。

父母要把晚餐时间作为交流的时光，只谈轻松愉快的事，让就餐变得没压力。比如问些愉快的问题："今天有什么事让你觉得很开心啊？""今天有你喜欢的美术课吗？""那个爱讲笑话的同学又讲了什么好笑的？"让孩子参与到这种交流过程当中，倾听孩子们的心声，了解他们的喜怒哀乐。

找到最适合孩子身体发育的饮食结构，做好营养搭配，营造良好的进食氛围，即便吃得不够昂贵也能保证孩子健康成长。

2. 再贵的学区房，也比不过家里的书房

早在 2016 年，北京市西城区文昌胡同深处，一间不起眼的，有点破败的，只有 11.4 平方米的房子，以 530 万的价格成交，每平方米的价格达到 46 万。原因仅仅是，这是北京最著名小学之一实验二小的学区房。中关村三小附近的学区房万柳书院，起步价已高达三四千万一套。

学区房有多贵，父母的内心就有多焦虑。很多父母为了能买

一套学区房简直是拼了,不惜把市郊宽敞明亮的三室两厅换成重点小学附近一间老破小。为此也不惜四处举债,不惜延长每天上下班的通勤时间,甚至妈妈放弃工作全职陪孩子。

其实,学区房对孩子来说顶多是锦上添花,而不是决定孩子成才的必备。能买得起学区房的可以去买,买不起的也不必心怀愧疚,完全可以通过其他方式来弥补。例如,如果给不起孩子昂贵的学区房,就给孩子一个书房,意义将更为深远。

有一位妈妈将儿子学习成绩差,语文每次都不及格的原因归咎为学校太差。为此,在儿子上初中前,她倾尽财力买了一套重点中学的学区房。时隔两年后,她抱怨说,重点中学也不过如此,原以为去了重点,儿子成绩就能提高,结果是成绩反而越来越不理想,语文成绩还是不及格。

有人说,最好的老师是家长,最好的学校是家庭,最好的学区房是你家的书房。但父母总是抱怨说,他不喜欢看书,逼他看都不看,有什么办法?如果再问,那你都给孩子买了哪些书?对方有点尴尬地说,他不读买什么呀,买了也是浪费。

读书是孩子认识世界和探索世界的一个重要手段,这比任何外在的事物都更加宝贵,因为智慧是无价的。父母不必因为买不起昂贵的学区房而内疚,不如给孩子一个开阔眼界的"书房"。

>>> **打造读书角**

客厅变书房:现在已经有越来越多的人抛弃了电视,但如果家中有老人,电视又不可或缺。如果是这样,我们可以淡化电视功能，比如打造一个书柜电视墙，将电视放在一个封闭空间中而不是裸露在外，显得与周边浑然一体。平时可以将电视隐藏起来，孩子在家时，不要轻易打开电视。

如果客厅比较小，又是小两口或三口之家，可以舍弃买大体量沙发，用小沙发、小边几省出来的空间规划一个"开放式"小书房。

矮书柜隔断：餐厅和客厅之间放个矮柜也可以当书柜。

窗边变书房：如果厌倦了华而不实的"飘窗"，可以改造成窗边书桌。

阳台变书房：阳台除了晾衣服，还可以挖掘读书角的功能。比如定制个隔板架，低成本打造阳台书桌。窗帘一拉，阳台瞬间就能变成小小的读书角。

柜边变书房：主卧室内如果定制柜做得太满会让人有压抑之感，可以在窗边留下一部分，做个小书桌，不读书的时候放点装饰物，也不错。

餐厅变书房：餐厅一般位于家的中部，安静整洁，充当临时书房再适合不过。在餐桌柜子里摆放书籍，或者再钉一套转角隔板架，餐桌就是现成的读书桌，不就餐时在这里看书，也是享受。

>>>DIY儿童读书架

布艺书架：我们可以把家中废弃的窗帘、床单、衣服等改装成书架，制作过程非常简单，我们只要购买几根长的铁制的圆棍就能制作成功了。

调味品架变身书架：我们可以把厨房用的调味品架拿过来，钉在孩子房间作为展示书架，不需要多大的空间，简单方便。

百叶窗书架：我们可以把一个旧的或新的百叶窗横过来，然后钉在墙上，就可以变成一个无比酷的书架了。

壁画与书架：我们可以考虑在孩子的书房画一幅巨大的壁画，如一棵树，而树干就是孩子的书架。还可以从"树枝"上悬下来一个吊袋。

抽屉柜书架：如果房间里的空间比较狭小，墙面也不够。我们可以在孩子床头的抽屉柜两头增加书架隔板，抽屉柜就立即变身一个多功能的书架。

阅读，是孩子从小培养出来的好习惯，需要我们足够的重视与引导。让孩子爱上阅读时光往往是从一个小小的读书角，一个书架开始的。

无论房子大还是小，都可以给孩子做个读书角或者读书架。有了读书的环境，还要创造读书的氛围。不要指望你躺在沙发上看电视或者刷手机，孩子能主动自己去读书。想要孩子热爱阅读，你先去做个爱阅读的人吧。相信阅读带给你的不仅是给孩子做个好榜样，同时也会让你收获颇丰。总有一天你会体会到，书中的世界有多宽广，灵魂就有多自由舒展。

3. 和睦友爱的家比住什么样的房子更重要

有了孩子后，尤其是二胎政策放开以后，很多父母都开始琢磨着要换一个大房子。或者经常唠叨抱怨房子太小，位置太差。其实，孩子对是住在豪宅还是平房，并没有那么在意，至少没有父母想象中那么重要。相比于住大豪宅，家中散发出的爱的味道更让孩子迷恋。

电视剧或者电影里常有这样的桥段：一个孩子在装修豪华的别墅里，保姆在旁边悉心照顾，房间里堆满了昂贵的玩具，但他看起来一点都不开心。看到别的小朋友都有妈妈接，眼睛里就闪过落寞和失落。在孩子的世界里，物质带来的快乐远远没有和父母在一起玩耍、打闹更持久和强烈。

苏联著名教育家苏霍姆林斯基认为："家庭氛围既是进行家庭教育的前提条件，也是一种积极有效的教育方式。"如果说孩子是一粒种子，那么家庭就是土壤，家庭氛围便是空气和水。家庭氛围属于家庭的精神环境，它往往是无形的，却对孩子的一生起着至关重要的作用。

和谐温暖的家庭环境能让孩子感到舒服和亲切，父母之间的爱也会促使孩子的身心得到健康的发展。反之，如果家庭不和睦，父母不是吵架就是冷战，孩子内心就会充满恐惧，没有安全感。长此以往，孩子会变得感情冷漠，郁郁寡欢、爱发脾气、对他人缺乏信任，甚至自卑焦虑。

那么，我们该如何在孩子童年时期，为孩子创造一个适宜的家庭氛围呢？

>>> 不当着孩子的面吵架

一个充满了敌意甚至暴力的家庭，绝对培养不出自信乐观、开朗活泼的孩子。作家苏芩说："父母永远不要低估孩子的观察力和领悟力。一对不幸福的父母，永远不可能带给孩子真正的幸福。"

在家庭关系中，孩子对父母情绪的变化拥有超强的感知力。根据一项调查显示，孩子在3岁的时候，就能准确地判断家庭中的紧张气氛，并开始在冲突面前表现出不同的情绪反应。超过一半的孩子会出现情绪波动和沮丧，并强烈希望父母停止争吵。1/3的孩子表现出矛盾心理，在沮丧的同时又有点兴奋，这样的孩子将来很容易出现攻击性行为。

所以，就算再怒火中烧，也要避开孩子再争论对错。如果不小心当着孩子的面起了争执，也要在事后向孩子解释清楚。

在电影《怦然心动》中，朱莉被爸爸妈妈的争吵吓得大哭。晚上的时候，爸爸妈妈分别来到朱莉的房间，爸爸说："对不起，朱莉，这不是你的错。"并十分认真地向女儿保证，"我们会想办法解决的，我向你保证。"让女儿感受到父母并没有因为吵架而感情破裂，争吵更不会影响对孩子的爱。

萨提亚曾说："父母恩爱的家庭就像一个温暖的巢，带给孩子的是足够的安全感。"父母的喜怒哀乐，孩子都看在眼里，记在心里。所以，父母一定要照顾孩子的心理情绪，避免当着孩子的面大吵大闹。

>>> 适当秀恩爱

有研究显示，沐浴在爱中的孩子，更乐观、自信、善良，而且大脑发育更快、语言能力更强、情商也比较高。所以，家庭最好的状态是，爸爸爱妈妈，妈妈爱爸爸，并且随时随地表现出来，不要把爱藏在心里。

一位丈夫很爱妻子，下班进了家门，总是先抱抱妻子，然后再抱抱儿子。在这种环境下长大的儿子，因为不缺爱，所以也不吝啬爱。他会把妈妈当小公主宠着，会主动关心和帮助别人。

父母的爱情里，藏着孩子的幸福。放下含蓄和拘谨，把恩爱秀起来吧。当然，秀恩爱也也得适度，避免秀热了自己，冷落了孩子。作为家庭成员之一的孩子，尤其是学龄前的孩子，大都以自己为中心，所以要避免让他们产生类似"爸爸爱妈妈，不再爱我了"的感觉，否则容易导致孩子自卑、敏感、叛逆等一系列问题。另外，也要掌握好度，秀得光明磊落、大方体面，比如不要当着孩子的面做"舌吻"等儿童不宜的动作。

家是充满爱与温暖的地方，它是父亲的王国、母亲的世界、儿童的乐园。每一个家庭成员都积极奉献自己的爱，那它就会更加温馨。

要为孩子创造一个和谐、温馨的家庭环境，家庭内部应该始终充满和睦和快乐的感觉，这样孩子自然会从小形成一种友善的性格，日后与他人的相处也会维持融洽和谐的关系。一个小小的温馨简单的小房子，远比冰冷的，或者充满火药味的豪华大别墅更重要。

4. 益智的玩具不一定很昂贵

在卖益智类玩具的商店内，我们可以看到里面玩具的价格从几百元到上千元不等。大部分玩具都标有"增强脑部开发，培养动手能力、识别能力、逻辑推理能力"等广告宣传字样。而这类昂贵的玩具特别受孩子和家长的欢迎，原因就是这些昂贵的玩具能让孩子更聪明。

可是，事实真的如此吗？美国儿科学会曾发表过一篇文章，叫作《The Secret to a Smarter Baby（聪明宝宝的秘密）》。文章中提到，作为父母，我们在希望孩子健康、快乐的同时，也希望他们聪明伶俐。于是，面对各种各样昂贵的玩具，多数父母的反应都是买买买，以为这样就可以让孩子变得更聪明。当然，这也是一笔很大的开销，并不是所有的家庭都能够承受的。

而且一些高档玩具并不一定益智。比如，一些模拟厨房、模拟超市玩具，虽然很精美，但玩法很单一，既不能激发孩子的想象力，也不能让孩子体会到真实感。还有那些各种按钮齐全的高档玩具，看起来很复杂，但需要孩子做的大概只需要按一下按钮，也不能促进孩子的智力发育。

那么什么样的玩具，才是真正的益智玩具呢？

>>> **简单的玩具**

越是看起来简单的玩具，玩法越多样化，越能激发孩子的想象力。比如，七巧板、魔方等，都是我们小时候经常见到的玩具，可我们又有多少人把它们玩出花样了？再比如各种各样的杯子、小桶、塑料盒、易拉罐，等等，都是生活中常见的物品，想象力丰富的孩子能用它们玩出各种花样。不仅有助于开发创造力，还环保省钱。还有价格亲民的拼图、积木、橡皮泥、太空沙等等，都能让孩子放飞想象力，玩得不亦乐乎。比起那些功能齐全的高档玩具来说，这些玩具看起来简单，玩起来则需要想象力、创造力和耐心，以及一定的动手能力，更具备可玩性，更锻炼孩子的脑力。

>>> **泥土、沙子就是最好的玩具**

泥土、沙子这些看似原始的玩具，对孩子的成长最为有利。著名作家孙瑞雪在她的《捕捉儿童敏感期》中写道："沙子和水是大自然赐予孩子最好的礼物，任何一种玩具都无法与之相媲美。"

喜欢玩土和沙是孩子的天性，很多家长不许孩子玩，因为不喜欢孩子弄得满身脏兮兮的。其实，让孩子玩一玩沙子和泥巴能很好地锻炼孩子的手指。这是因为孩子的手指尖上有很多神经细胞，玩沙子时，能很好地刺激这些神经细胞。

玩沙子、泥巴等不仅能提高孩子手部的操作能力的，同时也能促进孩子身体的协调能力,包括大小肌肉的协调,手眼的协调。

>>> **生活用品就是最好的益智玩具**

我们可能都有这样的感受,给孩子买的玩具他不喜欢玩,可是对于家里的生活用品却"情有独钟"。厨房里的锅碗瓢盆,药箱里的药瓶和药丸,针线盒里的线卷、扣子和细针,家里大大小小、形状各异的生活用品都强烈地吸引着孩子的眼球和好奇心,成了他反复把玩的宝贝。

只要保证安全,生活用品就是最好的益智玩具。因为生活用品的材质、形状五花八门,对孩子来说非常新鲜,这让孩子无论是在触觉、视觉、味觉、嗅觉、听觉上都可以得到更丰富的感受,从而促进孩子的感官发育。同时,孩子还会认为生活用品是可以跟爸爸妈妈一起玩的玩具,让孩子产生浓厚的兴趣,丰富孩子的生活体验。

>>> **和孩子一起动手做玩具**

花钱买来的玩具,到了孩子的手中也只是一时的兴趣而已,和孩子们一起亲手制作玩具,不仅省钱还充满意义。能锻炼孩子的动手能力,也能很好地增进亲子关系。

不过,在陪孩子制作玩具时,一定要避免犯两个错误。一是缺乏耐心,看见孩子做得不好,就大失所望,不再耐心去指导,这会严重打击孩子的自信心。另一个是完全包办,比如我们经常听到这样的声音:"你看爸爸给你做好一个……好玩吧?"这同样无法让孩子体会到成就感，或者认为自己根本做不好，干脆放弃好了。既然是孩子玩，让他自己做主好了，就算看不惯，也要忍住不假思索的指责。想想你做饭的时候，老公在旁边指手画脚，你的心里会是什么滋味？

>>> **最好的玩具就是父母本身**

父母每天早出晚归忙着赚钱，好支付孩子昂贵的兴趣班学费，好给孩子买昂贵的玩具做礼物，以至于每天和孩子见面的时间寥寥。养孩子少不了金钱，但少给孩子报一个班，少送一份昂贵的礼物对孩子造成不了太大的损失，相反，如果你从不曾当孩子的玩具，和孩子亲密无间地玩耍过，对孩子来说才是终生的遗憾。

父母可以变身玩具，扮成会说话的机器人，做个搞怪的动作，或者趴在地上给孩子当马骑，学青蛙蹦，兔子跳……再也找不到能让孩子更开心的大玩具了。这亲密的时光，足以滋养孩子的一生。

有研究报告显示，"我们总是认为要给孩子买一些特制的玩具、听一些特别的音乐、玩一些特定的游戏才能刺激他们的发育，但我们应该提醒自己，更重要的是每天都和孩子做一些活动，来刺激他们的大脑发育。"

心理学家指出，0~3岁的孩子最好的玩具其实是"人"，孩子们最需要的并不是那些很贵的玩具，而是皮肤有温度、能陪着他们一起游戏的人。玩具只是玩耍中的辅助物，如果没有人陪着孩子玩,他们不会玩得长久,所以可以看到很多孩子对玩具总是一时兴趣,随后就置之不理了。所以,无论我们有多忙碌,都有必要经常和孩子一起疯玩,做孩子最好的玩具。

只要孩子喜欢的、适合的玩具就是最好的。最好的玩具,不一定最贵。

5. 孩子的衣服鞋子不必追求名牌

经常听妈妈们吐槽,孩子的一双鞋几百,一件衣服几百,乃至上千……其实有的家庭并没有那么好的经济条件,但给孩子买穿的特别舍得,都是大品牌。

为什么那么多父母喜欢给孩子买昂贵的衣服和鞋子,一个原因是攀比心理在作祟,觉得孩子穿大品牌是面子。另外一个原因是父母想把最好的给孩子,自己宁愿穿便宜廉价的也要给孩子买好的。如果没有限度,这种爱就是溺爱。

有一位妈妈分享了自己的一件亲身经历,有一次在商场看到一个很贵的羽绒服品牌打折,她想给儿子买一件,但老公制止了她说:"孩子的衣服穿不了多久,不必买那么贵的。如果喜欢,就给自己买。"

从那以后,孩子的衣服比大人的便宜,价格预算一般在大人衣服的三分之一,不超过200元,成了他们家的购衣原则。

那么,给孩子买衣服,该注意什么呢?

>>> 舒适比价值更重要

有时候，父母觉得应该把孩子打扮得很漂亮，很帅，其实孩子未必喜欢。比如，一位妈妈花大价钱给女儿买了一件蓬蓬的白纱裙，质地非常好，穿上就像电视里的公主。可是，她只能眼巴巴看着别的小朋友蹲地上玩沙子，跑来跑去玩老鹰抓小鸡。她身上的裙子不允许她蹲地上，也没办法跑来跑去。孩子的衣服要以舒适为第一原则，款式简单，稍微宽松，方便运动。

>>> 合适比价格更重要

一些父母之所以追求品牌，是因为别的父母都在买。其实，合适的才是最好的，只要质量过关。比如孩子的衣服一般选亲肤、柔软的棉质，75%~100%含棉量的衣物都属于纯棉材质，含棉量达到100%便是全棉材质。如果孩子爱出汗，就选全棉的。

>>> 可靠的"二手衣"

一位妈妈说，女儿3岁之前，很少买衣服，大部分都是穿姐姐穿小的，鞋子也是。除了哥哥，还有表哥表姐的旧衣服也会给她穿。小孩子长得快，尤其是新生儿，几乎一天一个样，很多新买的衣服还没穿几次，就小了。如果上面有哥哥姐姐，或者其他亲戚的小孩，有合适的二手衣穿也不错，不但环保还能省钱。

有儿科医生更是总结了二手衣的好处，比如二手衣因为衣服经过多次清洗，一般都比较柔软，舒适度也相对较高，更适合孩子娇嫩的皮肤。二手衣更为安全放心，就算再贵的新衣服也会多少残留一些化学物质，旧衣服经过清洗晾晒，化学物质没有了，安全隐患也就消除了。

不过,给孩子穿二手衣一定要把好关,确定衣服的来源可靠,衣服的主人没有传染病之类的。千万不要给孩子穿来路不明的旧衣服,也要避免那些发黄发硬变形的衣服,以免带来安全和健康隐患,就得不偿失了。即便来源可靠,在给孩子穿之前,也要经过浸泡、清洗、暴晒三个步骤,再给孩子穿。

>>> 量力而行

凡事都没有绝对,如果经济条件允许,稍微贵一点的衣服也能接受,那就贵一点,买个放心。而且有的家庭不止一个孩子,穿小了还给下面的弟弟妹妹穿,也并不浪费。重要的是量力而行,如果你月薪5000元,就不必非要给孩子买一件上千的外套。永远不要省吃俭用给孩子买大品牌的衣服和鞋子。

孩子长得快,真的没必要购买价格昂贵的衣服。父母对孩子的爱,不是用价格来衡量的。

6. 各种补习班、兴趣班,量力而行

自从有了孩子,发现家长们在一起,聊得最多的就是给孩子报什么辅导班。

"听说某某培训机构的外教不错,一起报吧。"

"幼小衔接必须要上啊,一起拼个班吧。"

"编程很能锻炼孩子的思维能力,报个班吧。"

"孩子非常喜欢乐高,报个班吧。"

……

如今随便报一个兴趣班,一年动辄都要几千上万。尤其是在一二线城市,每一个项目的花费,都是以万为单位的。大部分的兴趣班也不只是学学那么简单,一些用具要买,考级,参加比赛等也要收费。比如一个网友说他儿子暑假去香港参加钢琴比赛,报名费2000元,路费住宿费全自理,花了10000元。

而且兴趣班贵在坚持,三年五年的持续学习才能有所成效,想要变成随身的一个技能,可能需要数十年的坚持。再加上每个孩子的补习班、兴趣班,都不只有一个。家长界流行一句话,说现在小孩报兴趣班,3个是基础,5个是标配。不用细算,每年的学费消耗绝对是一笔庞大的支出。

课外辅导班火爆,补课的费用之贵,也是让人瞠目结舌。初三补课,平均一天600元,整个暑假50天的课,一共30000元左右。高二,一个寒假的补习花掉了2.2万元。高三托熟人找的重点高中物理名师一对一补课,一节课1500元。

兴趣班种类繁多,广告无处不在,补习班不上,在学校上课都会跟不上节奏。所以,父母只要稍微一动心,孩子只要没表现出明显的排斥,一万块就轻松就花出去了。而且当了父母后,你会发现周围总会有比自己鸡血百倍的父母。有父母感慨"活到这个年龄,只剩下孩子能逼我掏钱包了。"

所以,无数父母都在吐槽,现在孩子的兴趣班、补习班是真烧钱啊，说是碎钞机都不会过分。但冷静下来想想，这种烧钱真的是必需的吗？真的没得选吗？或者说这些投资真的会物有所值吗？让我们一起来理性地分析一下。

>>> 兴趣班的机会成本

太多父母都是抱着反正孩子闲着也是闲着，学点东西总是好的，艺多不压身，然后把孩子的课余时间安排得满满的。在这里，父母看到的只是兴趣班广告宣传和夸大的作用，识字、英语、数学，哪个不重要？还有手风琴、古筝、钢琴是接受音乐熏陶，手工课是锻炼动手能力，编程课那是未来最不可或缺的技能……哪一样不应该学？

当父母为孩子选择了各种兴趣班，表面上看是为孩子好，给孩子创造了更多学习的机会，但同时孩子也损失了其他选择的机会。这就是机会成本，机会成本是一个经济学概念，是指为了得到某种东西而要放弃其他东西的最大价值。对孩子来说，有益于成长的东西非常多，但时间却是有限的。在孩子有限的时间里，什么才是最重要的？多数父母都会量化这些时间的价值，比如学钢琴会弹几首曲子了，学英语掌握多少词汇了，学识字认识多少汉字了。但有些能力却是不可量化的，比如做事的主动性，社交能力，创造力等。难道这些能力比那些能量化的不够重要吗？未必。它们甚至比书本上的知识，考试能力更重要。

当一个孩子的时间都被父母安排得满满的，在活动中又要听老师指挥，就会失去自主决定和选择的能力，失去这些安排就不知道该怎么办了。所以，当父母没有给孩子报兴趣班而是允许瞎玩，看起来父母是不负责任的，但其实有不可替代的教育功能，不只能培养孩子的探索能力，也锻炼了孩子的自主选择能力，慢慢学会自己做决定。

就算是别人家孩子在练钢琴，你家孩子在操场和小伙伴自由玩耍，也锻炼了社交能力，同时锻炼了体能。就算是孩子什么都没做，只是坐着发呆，也不是在浪费时间，因为人在发呆时大脑并没有关机休息了，而是启动了"默认模式网络"，这正是创造力的来源。

因此，如果没有足够经济能力的父母也不必灰心，更不必对孩子心怀愧疚。在《伯克毕生发展心理学》一书中有提到：孩子早期的脑发育主要取决于日常经验。在幼儿阶段，应该让孩子参与到日常生活中，而不是把他们关到教室里去学习各种知识。最好的知识在生活里，兴趣班不过是锦上添花，而不是孩子课余生活的全部。

>>> **补习班正在损伤孩子的学习兴趣**

首先要确定给孩子补习，并不是因为假期孩子没人带，送个补习班省心。这是越来越多的孩子对假期没有了期待的原因，反正都是上课，在补习班和在学校也没多大差别。周末和假期本来是孩子放松，自主安排生活的时间，如果都拿来补习功课，甚至节奏比在学校还要紧，过度用力的学习，自然会导致学习兴趣降低，甚至产生厌学心理。当孩子只是为了应付家长去补习班，补课的效果可想而知。

对孩子来说，玩就是他们的天性，在玩的过程中，他们认识和感知世界万物，获得知识并掌握技巧。但玩不需要父母付出金钱，却需要付出时间，而现在对大多父母来说，付出金钱比付出时间更容易。因为父母一看到孩子在瞎玩就会焦虑，觉得孩子是在浪费时间，只有看到孩子处于学习状态才稍微安心。

太多父母已经被各种兴趣班、补习班压得喘不过气，有的家长说，临近暑假前两个月就会压缩各种开支，自己连衣服都舍不得买，只为暑假给孩子报个班。想想，如果付出再没有收到相应的回报，父母的心里会不会不满，会不会将不满发泄到孩子身上？

买股票绝对不可负债，同样，在孩子身上也应做力所能及的投资，以避免因为心态失衡，而导致亲子关系疏离或者破裂。

第四章

忙碌焦虑:
学会偷懒,
告别鸡飞狗跳

1. 不用太勤快，和孩子一起做家务

孩子不爱做家务真的是因为懒吗？未必。多半原因是爸爸妈妈太勤快，尤其是妈妈。很多父母会事无巨细地为孩子包办一切，不让孩子做一点点家务。甚至有的妈妈还会把"你只管学习，其他事不用你管。"挂在嘴边教育孩子。

于是，我们经常看到的是，妈妈下班后买菜做饭洗衣打扫卫生，忙得团团转。而孩子连剥的橘子皮，都懒得往垃圾桶里放，吃完饭更是从不收拾碗筷。

当然，妈妈的勤快也是有原因的。原因之一是认为孩子的年龄还小，并不具备帮忙的能力，在帮忙的过程中很容易遇到危险，如被刀割破手、被热水烫到、被笤帚绊倒等。

另一个原因是，孩子本身能力差，会让自己陷入"越帮越忙"的困境中，如本来地扫干净了，结果孩子帮忙却把垃圾桶打翻了，还得重新扫。于是，就会产生这样的心理：与其让孩子越帮越忙，不如自己赶紧忙完，然后陪孩子玩。这样做，虽然可以减少麻烦，但是也扼杀了孩子的积极性，慢慢地也就不愿意帮忙了。

总是听妈妈们抱怨家务太多，做得太辛苦。如果没有条件请小时工，不妨叫上孩子一起做吧。哈佛大学一项长达20年的研究显示，爱干家务的孩子成年后的就业率是不爱干家务的孩子的15倍，犯罪率则是十分之一。而且。爱干家务的孩子，患心理疾病的概率低，离婚率也低。还有专家指出，在孩子成长过程中，做家务可以帮助孩子练习动作技能、提高认知能力，培养责任感。

青少年研究专家孙云晓说："父母们越来越重视孩子的早期教育，各种培训机构遍地开花。但多数父母以及培训机构都更注重孩子智力的开发和知识的灌输，却忽略了孩子情商、责任心、道德和习惯的培养。其实，培养孩子这些能力的最好办法就是让孩子做家务。"

做家务虽然看上去是一些小事，但是对于孩子的成长有着深远的意义。那么，如何安排做家务比较容易赢得孩子的合作？

>>> 给孩子安排合适的家务

做家务应该"从娃娃抓起"，但父母也需要考虑孩子的年纪。若是家务太难，孩子无法完成，很容易打击他的积极性。不同年纪的孩子，适合做的家务如下：

1~2岁：在大人的提示下，可以做一些简单的家务，如将尿不湿、用过的纸巾、果皮等小垃圾扔到垃圾桶中。

2~3岁：这个年龄段理解力明显增强，可以帮大人拿东西，把玩具放到玩具箱、用自己的汤勺吃饭、简单刷牙、擦桌子等。

3~4岁：可以独立洗手、独立使用马桶、自己穿衣服、将脏衣服放到脏衣筐、用筷子吃饭、把衣服叠起来收好、把书本放到书架上等。

4~5岁：可以给花浇水、扫地、给垃圾桶套袋子、吃饭时帮忙摆放碗筷、把用过的碗筷送回厨房收拾、帮忙提东西等。

5~6岁：扫地、拖地、简单洗碗、独自准备第二天上学的东西、把用过东西放回原处等。

6~7岁：独立打扫房间、帮妈妈做饭、洗自己的小衣服等。

7~12岁：会做一些简单的饭菜、打扫卫生、晾衣服、整理衣橱等。

>>> 设计"做家务"游戏

将"做家务"设计成一个趣味游戏，让孩子在快乐中锻炼自己。例如比赛择菜游戏，妈妈将蔬菜分为两堆，让孩子选择其一堆，自己选择另一堆，看谁先择好。比赛时，父母可以让着孩子，让他"赢得"比赛，体验成就感带来的愉悦。

父母还可以设置角色扮演的游戏，让孩子假设自己是一个清洁员，自己将东西收纳整理后由父母进行检查，并发放相应的"薪资"鼓励。当枯燥的家务变身趣味游戏，自然更容易吸引孩子。通过一次次"做家务"游戏，孩子就会养成热爱做家务的好习惯。

创造"做家务"环境

父母需要主动为孩子创造"做家务"的环境，例如，洗碗台是否太高，需不需要给孩子配备凳子，房间方不方便整理等。做家务本身就是一件麻烦的事情，父母可以提前解决一部分家务，降低难度，让孩子更容易完成，提高孩子的成就感。

>>> **教孩子掌握做家务的技巧**

当孩子总是帮倒忙时，父母可以告诉孩子一些做事的技巧。例如，父母正在包饺子，孩子要求帮忙，结果包的饺子是破的。这时，父母可以给孩子示范如何包饺子，如饺子该放多少馅儿，如何捏边，成型的手法等。若孩子还不会，父母可以手把手教孩子。或者，孩子帮忙扫地，结果弄得尘土飞扬，还没扫干净。父母给孩子示范正确扫地的动作、力度和怎么使用笤帚更省力等。等孩子掌握了做事的技巧后，就不会帮倒忙了。

我们应尽可能地为孩子创造一种环境和条件，对孩子进行早期劳动训练，让孩子做力所能及的家务，这个能力会使其终身受益。

2.不做监工，让孩子独自完成作业

2020年的疫情期间，孩子们在家学习，妈妈们对孩子的自制力严重怀疑，只能自己辛辛苦苦地盯着。不能在身边盯着的，就在家装个监控盯着。早上读课文声音够不够洪亮？上网课有没有偷偷聊天？课间的眼保健操有没有偷懒？课后作业做没做对？……真的是就像炒股，盯大盘走势那么专注，不敢有一丝一毫的分心走神。

有人感慨，这届中年老母亲真的太难了，上班累一天，回家还要陪写作业。重点是"不写作业母慈子孝，一写作业鸡飞狗跳。"

有多少父母，因为催娃写作业的事，气到内伤。催一遍，孩子置若罔闻。催两遍，答应一声，仍然自顾自地玩。第三遍忍不住发火，孩子才慢吞吞掏出课本……刚写了一行字，各种渴了、饿了，要上厕所等戏码就开始上演。

父母"催尽"了心力，可是孩子却越催越不写。原因何在？当我们一直催孩子写作业时，孩子的大脑感受到的是被命令和被控制。然后，大脑做出的直接反应是"拒绝"，而不是"行动"。也就是说，催促收到的结果是本能的抵抗，而且越催孩子越烦，反抗意识越强，根本就不会有什么写作业的主动性和积极性。

著名教育家尹建莉认为催促和命令是不尊重孩子的典型表现，而且这种过度的干涉，非常不利于孩子良好学习习惯的养成。

尹建莉老师说，女儿圆圆在刚上小学时，也常常会和其他孩子一样因为贪玩而忘记写作业。开始，尹建莉也忍不住提醒她："该写作业了。"但是，圆圆常常是只顾着玩，而不是立即听话地去写作业。于是，她和丈夫商量，不再管圆圆写作业的事，她自己的事让她自己安排。

有一天，圆圆放学回家先看动画片，然后吃饭，饭后玩玩具、看书，一直没有去写作业。尹建莉虽然一直替她着急，但忍着没提醒。直到该上床睡觉了，圆圆才想起没有写作业。尹建莉没有责骂她，而是心平气和地说，"你要是愿意今天写，就晚睡一会儿；要是想明天早上写，妈妈明天就提前叫你起床。如果早上也不想写，那你明天就和老师说，今天的作业忘写了。"

权衡再三，圆圆最终选择了晚睡一会完成作业。从那以后，她就很少忘记写作业了。

几乎没有比孩子写作业，更让父母焦虑、烦恼的事情了。其实，如果父母能调整心态，明确界限，坚持不打击少指责，就不会发生"陪娃写作业，陪到给心脏做支架"的悲剧了。

>>> 别把写作业当成自己的事

在对孩子写作业的事上，父母首先要明确自己和孩子的界限，弄清楚作业是谁的事。判断的标准很简单，就是看这件事的后果由谁承担。谁承担，就是谁的事。显然，写作业这事是孩子自己的事。可是，父母催来催去，变得比孩子还着急，好像写作业成了父母的事。把本该由孩子自己负责的事情揽到自己身上，这其实是一种界限不清的表现。很多教育问题都起源于界限不清。

一位妈妈在知乎上分享自己的经验时说道，"每当我忍不住催促孩子写作业时，就提醒自己，作业是孩子的事，他都不着急，我为啥要着急？这么一想，心里的气就顺了，不那么焦虑了。"

有的父母可能会说"如果不去催促孩子，孩子完不成作业，老师会不会找父母的责任?

可能会,但老师更会在学校和孩子沟通。当因为没完成作业,而被老师批评,孩子自然就会反思和想办法,主动调整做作业的时间和效率。这时候,父母也可以给一些建议,比如如何安排作业时间,如何提高写作业的效率,但仅限于建议,最后做决定的仍然是孩子。

关于写作业的事,父母一定不要本末倒置,忽略了孩子是写作业的主体。尽量不去干扰,不去干涉,让孩子把写作业当成是自己的事。

>>> 陪写作业的正确姿势

有的父母盯着孩子写作业,一发现问题,如加减法算错了、拼音写错了、写歪了,就忍不住一边帮孩子涂擦,一边批评、埋怨、责怪孩子:"你能不能认真点?""讲几遍了了,你还记不住。"在这种紧张、焦虑的气氛中,孩子的学习兴趣只会被消磨,而不是被激发。这时候,再怎么说教,孩子都听不进去,也不会改正。

陪孩子写作业的正确姿势,应该是这样的:首先征求孩子想什么时候写作业,只要不是太离谱,就让孩子自己安排写作业的时间。是放学后写?还是饭后写?或者是先看10分钟动画片再写?

其次,询问孩子有多少作业,让孩子确认大约需要花多少时间。让孩子预估一个时间,再和孩子商量完成的时间。如"今天的英语作业不多，20分钟可以做完吗？数学稍多点，用35分钟时间可以吗？"中途，可以让孩子休息两分钟，提醒孩子一下时间，如"还有15分钟，你可以去喝点水，或者上厕所。"

最后，当孩子开始写的时候，父母不必盯着，可以和孩子约定好时间，自己该干什么干什么。尤其要避免打着陪孩子写作业的名义，在孩子身边刷抖音、玩游戏，或者看电视。同时，不要表现得像一个苛刻的监工。在孩子写错的时候，不要急于更正、指责，甚至打骂，那只会让孩子对作业心怀恐惧，更加不愿意写。

>>> **着急时，替换陪伴者**

当你因为孩子的某些状态、习惯，比如孩子写作业过程中反复去喝水，反复上卫生间，或者咬铅笔头，玩橡皮，内心的火呼呼地往上蹿。这个时候你的方法是，和你的爱人协商好，当你有情绪的时候，让另一方过来替换，避免失控崩溃。

3. 适当示弱，激发孩子的责任心

许多父母在孩子面前都是一副"超人"形象。他们认为应该在自己的孩子面前树立权威，并且非常享受被孩子崇拜的感觉。更重要的是，他们认为在孩子面前示弱，是一种很丢脸的行为，会破坏自己在孩子心中的形象，降低孩子对自己的信任感。其实，父母适当示弱，反而让孩子强大起来，成为小小的保护者。

"猪猪妈妈"邓莎曾直言:"自己做妈妈最大的缺点就是'懒'。"在真人秀节目《妈妈是超人》的第三季里,不管大小事,邓莎都喜欢让儿子为自己安排。

有一次她需要外出拍摄,她就问儿子:"我要准备什么东西?你帮我拿一下呗。"

儿子想了想,不仅帮妈妈装好了包,还把自己的奥特曼也放进去"保护妈妈",并且让妈妈开着自己的玩具摩托车去"上学"。当妈妈出发时,他在旁边叮嘱"注意安全",整整重复了四遍,满脸都是不放心。

在儿子面前,邓莎不是无所不能的妈妈,而是一个需要自己去帮助的妈妈。而且他非常享受这种被妈妈需要的感觉,照顾起妈妈来得心应手。

有一次邓莎发烧,儿子先是问她是不是不舒服?得到确认后,就去拿了糕点和粥喂妈妈吃下。然后,又给妈妈冲药。当妈妈嫌药太苦,他又暖心地拿巧克力哄妈妈。

父母示弱,是给孩子制造机会去主动包容和理解别人,变得更有同情心,也更有责任感。演员霍思燕说,"在儿子面前适当示弱,会激发他的保护欲,时间长了,他就会把照顾妈妈当成自己的责任。"因此,在《妈妈是超人》中,当霍思燕与嗯哼一起玩高台滑梯时,霍思燕说自己有点紧张,儿子嗯哼说:"我保护你!"并且"勇敢"地坐到了妈妈前面,带着妈妈一起滑下去。

研究发现,父母太强势,更容易养出懦弱自卑的孩子。因为习惯了一些都被父母安排好，且不容置疑，慢慢地就觉得自己无用，不敢表达，也没有勇气承担属于自己的责任。

相反，父母懂得示弱，孩子知道父母也不是全能的，内在的潜能就会被激发出来，拥有照顾父母的智慧和力量，愿意为父母遮风挡雨。父母主动向孩子示弱，也可以让孩子产生被需要感。只有孩子感觉到自己被需要了，才会产生保护欲和责任感。会示弱的父母，更是在为孩子创造独立的机会，让孩子变得自强自立。

那么，父母如何向孩子示弱呢？

>>> **有分寸地示弱**

父母向孩子示弱时，要掌控好分寸。过度示弱意味着软弱，会给孩子造成巨大的压力，还会让孩子觉得父母不可依靠，对父母失去信任。因此，父母要选择好示弱的场景和事件，一定是孩子力所能及的。例如，下班累了，让孩子帮忙倒杯水；感冒了，让孩子帮忙拿药；手受伤了，让孩子帮忙洗菜……不要在孩子无法承担的事情上向孩子"撒娇"，这样不但不会让孩子成长，反而会打击他的自信心。

>>> **有方向地示弱**

父母想要锻炼孩子哪方面的能力，就要在这个方面多示弱，让孩子帮忙解决问题。例如，妈妈想要锻炼孩子画画的能力，就可以故意画一幅丑画，对孩子说："妈妈这幅画用的颜色太丑了，你可以帮妈妈找一个漂亮的颜色吗？"孩子就会主动去画画。

>>> **向孩子请教求助**

让孩子成为自己的"小老师",多向孩子请教,能在无形中给予孩子鼓励,让他内心产生成就感和自豪感,变得更自信出色。例如,孩子正在上小学三年级,父母可以经常向他请教一些简单字的读音、算数公式等。

父母主动向孩子寻求帮助,可以让孩子明白父母并不是无所不能的,孩子需要学会自我成长,才能勇敢面对困难和挑战,变得强大。

>>> **向孩子求安慰**

父母总是扮演安慰孩子的角色,偶尔也可以向孩子要点安慰。有一位妈妈每天晚上都会和儿子进行一场大人式的对话,比如她会说:"今天遇到了一个麻烦的客户,说了很多难听的话,让我很难受,你能安慰我一下吗?"儿子就会抱抱她,或者把自己最喜欢的巧克力拿给她。这种示弱,不仅拉近了母子间的距离,也让儿子理解了妈妈工作的辛苦,从而更加懂得主动关心和体谅妈妈。

学会适当示弱,让孩子内心的小巨人成长起来吧。

4. 放手,让孩子走点弯路又何妨

父母会发现,随着孩子的年龄增长,会越来越失控,"管"不住了,甚至敢和自己对着干了。有的父母会怀念孩子刚出生的几个月，裹在襁褓里，放哪儿是哪儿。

父母要承认孩子是一个独立的人，有独立的思想，虽然自己有监管的责任，但也要学会放手，让他去碰壁，或者走点弯路。因为有些经历，说教毫无用处，强力扭转只能适得其反，不如放手，让孩子吃点亏。

有父母可能反对说，谁乐意看着孩子吃亏，但你不让他现在吃亏，未来，他可能吃更大的亏。

著名家庭教育专家蔡笑晚的6个子女都非常优秀，在教育的过程中，他对孩子从不过多干涉，更不用父亲的权威强迫孩子。比如，他第四个孩子天润在读中学的时候，金庸的武侠小说正流行，很多孩子都想要去学武术。原本成绩不错的天润也禁不住诱惑，不想念书了，决定要去学武术。

蔡笑晚回忆当时的情形，大润给他写了两封决心书，告诉他要放弃读书，去学习武术。他踌躇满志地说要成为一代武术大师，打败天下无敌手，成为武林第一高手。蔡笑晚说他第一次感到自己的教育哪里出了问题，但他没有直接粗暴拒绝，而是和天润认真做了沟通。

当他发现天润的决心很大，任何人的劝说都无济于事。于是，他决定答应天润的请求，只是和他约定：天润必须自己承担这个决定的后果。

于是，天润如愿以偿进了武校。没多久，天润就写信回来说，武校和他想象的样子完全不一样。大部分孩子都是因为读书读不好被父母送去的,他们打架、赌博,和他根本不是一类人,他说他想要立即回来读书。

但蔡笑晚没有同意,他在回信中写道:"你既然去了,就得坚持。不能想去就去,想回就回,这是对自己的不负责任。"

最后,在蔡笑晚的说服下,天润坚持了一个学期才回来复学。重新回到学校,天润读书很认真,最终考上了华西医科大学。

英国哲学家、教育家,赫伯特·斯宾塞说:"孩子,我不能牵着你的手,把送到这里带到那里,这条路你必须自己走去。我唯一能向你承诺的,只有坚定不移的支持。即便我会给你一些指引,告诉你我的经验,但那代替不了什么,你必须自己做决定,并承担所有责任。"

德国著名教育专家舒马赫也说:"给孩子提供尝试的机会,是挫折教育的一部分。如果孩子被剥夺了尝试的机会,就等于被剥夺了犯错和改错的机会,因此也不可能积累经验,迈向成功。"

对孩子的成长来说,有些弯路是非走不可的。张爱玲写过一篇文章就叫《非走不可的弯路》,她在文中描述,在青春的路口,有一条若隐若现的路,母亲拦住她说"走不得"。她根本不信,执意要走。母亲说自己就是从那条路来的,现在不想让她走弯路,但倔强的她没有听信母亲的话。上路后,她发现母亲没有骗她,在这条弯路上,她碰壁、摔跟头,甚至摔得头破血流。后来,在她喘息的时候,发现有人又像当年的自己一样站在那条路口,她焦急地劝阻道:"走不得"。她忽然想起母亲当年的样子,发现自己也患上了父母常患有的"拦路癖"。

父母对孩子的爱最直接的表现就是自己摔过的跟斗,吃过的亏,都不想孩子再去经历一次。但在人生的路上,有一条路每个人都非走不可,那就是年轻时候的弯路。不摔跟头,不碰个头破血流,怎么能长大?怎么能飞出父母的保护伞?即便你明知道那样做是错的,强行阻拦不了,不如让孩子去尝试,让他们去吃点亏,摔一跤,才知道疼,才懂得总结经验教训。

>>> 允许孩子不听话

如果父母完全掌控孩子的童年,不允许孩子发表意见,孩子成年后就会把解决麻烦的责任甩给了父母。所以,不要把"我是为你好"一类的话常常挂在嘴边。尤其是不要按照自己的标准给孩子设计人生,比如让女孩学财会,上师范,进银行。比如,逼孩子学热门专业,找高薪工作。这些看起来都是"为孩子好",实际上却没有把孩子的想法放在心上。

父母只能给出建议和指引,不要奢望去控制孩子的人生。把选择权交给孩子,哪怕孩子错了,后悔了,也是孩子应该经历的成长之路。当然,这些弯路,要保证大方向不偏离,绝对不能向着违法犯罪的道路上去了。

>>> 给孩子保护自己的建议

即便保护得再好,也不能保证孩子不会走一些弯路。既然如此,与其每天战战兢兢地担心,不如在平时灌输给孩子一些安全常识。例如,与其担心孩子爬树摔下来,不如积极主动地将爬树的技巧和爬树的注意事项告诉孩子，让孩子更熟练地爬树。

台湾作家刘墉曾在《人生百忌》中，给女儿写了"出门22忌"，真的是千般叮咛万般牵挂。但当孩子长大，就算父母有再多的担心，也要装作放心的样子。在《极简父母法则》中，有这样一句话："父母让自己忧心忡忡没有任何意义。到了这个阶段，父母必须对自己这么多年的教育有信心。"

虽然一直把孩子抓在手里，感觉才踏实，但是为了孩子的成长，父母必须学会放手与信任，给孩子一些在实践中锻炼、学习的机会，提高生存力。

5. 越早让孩子自己做主，父母越早轻松

李开复说，"二十一世纪将是'自主选择'的世纪。在这个时代，每个孩子都将拥有更多的选择。进入社会后，孩子他们必须选择自己的行业，自己的老板，自己的公司……一个孩子如果长大了还只会背诵知识，听话被动，什么都等着别人帮他做决定，那他就算不被欺负，也不会被重视。"

想要孩子学会做决定，在养育孩子的过程中，父母要懂得逐渐放权。上幼儿园的时候，可以告诉他们怎么做。上了小学，要适当给他们做决定的机会。到了初高中，授权要随着年龄的增长逐渐增多。等到了大学，孩子就能完全独立，为自己做主了。

那么，让我们来看看随着年龄的变化，在和孩子有关的事情

上，父母和孩子所持有决定权的变化，以及所承担责任的变化。如下表所示：

年龄段	孩子的决定权	父母的决定权
0～1岁	无决定权	完全决定权
2～3岁	少部分决定权	最终决定权
幼儿园	部分决定权	最终决定权
小学	部分决定权	最终决定权
初中	部分决定权	最终决定权
高中	大部分决定权	最终决定权
大学	最终决定权	建议权

由此可知，父母在孩子的事情上，决定权随着孩子年龄的增长而逐渐减少，相应的孩子对自己事情的决定权则随着年龄的增长而逐步增长。直到最后，孩子成年，对自己的事拥有最终决定权。

但很多家长并不放心孩子自己做决定。心理学里有一个词叫"投射认同"，意思就是说，在父母和孩子的关系中，父母认为孩子没有选择的能力，认为孩子在选择的时候，肯定会走一些弯路，父母内心里有这个想法，就会在对待孩子时无意识地表现出来。虽然父母没有明确对孩子说："你不行，你不会选！"但是，孩子是会通过父母的言行举止接收到父母这个信号。

孩子从来到这个世界的第一天起，就已经是一个独立的个体。孩子有手能做事，有脑能思考，作为家长我们培养孩子的最终目的，是让孩子成为能为自己负责的人。

所以，我们应当具有保护孩子的权利意识，给孩子足够的尊重，并且让孩子知道"这是你的权利"，"你可以决定这件事情"等。久而久之，孩子的权利意识就会从无到有，从弱到强，才会知道捍卫自己的权利。

那么，哪些事父母可以让孩子自己做决定呢？和孩子有关的"小事"可交给孩子自己安排，如过生日请哪些小朋友，今天穿哪件外套、带奥特曼还是小熊去幼儿园、吃鸡腿还是鸡翅、自己的玩偶要不要送给来家里做客的小朋友、出去玩要不要带滑板车等。"大事"给孩子提供参与的机会，如房间的布置，可以和孩子一起筹划设计方案，鼓励孩子提出自己的建议，如果可行，则尽量采纳孩子的建议，让孩子感受到被重视。

另外，在让孩子自己做选择的时候，有以下几条建议提供给大家。

>>> 为孩子提供更多选择

为了孩子的身心健康，我们不能一味地否决这种行为。所以，我们必须为孩子提供更多选择，让他们在一定的范围内行使自己的决策权。比如：

当我们想要让孩子吃饭时，不要吼一句"快点过来吃饭"，而是说"今天你想吃水煮蛋，还是煎蛋"。

当我们想要孩子不要看电视了，不要吼一句"不准再看电视了，快点儿去睡觉"，而是说"你是想要5分钟后去睡觉，还是10分钟后去睡觉"。

>>> 孩子在选择时不能存在安全隐患

在让孩子自主选择时,父母一定要想到孩子的安全,如果让孩子自己做主时存在安全隐患,父母就要避免这样的情况发生。比如父母带着孩子去郊游,前面有两条路,一条是有人走过的熟悉的大路,一条是不知道状况的小路,如果此时父母给孩子选择的话,孩子一旦选择了不明状况的小路怎么办?所以,遇到此类情况父母不要给孩子自己选择,而是权威地决定走大路。

>>> 不要给孩子太多压力

一些"开明"的父母在假期为孩子报兴趣班时,会征求孩子的意见,让孩子选择一项自己喜欢的兴趣班。但是在孩子做出选择之前,父母却大说特说,英语学了怎么好,数学学了怎么有用。无形之中会给孩子造成很大压力,就算孩子想报画画或乐高,在父母的强力暗示下,也会做出违心的选择。

>>> 不要随意否定,不要出尔反尔

当孩子在自己做主,自我选择的时候,是需要鼓足勇气的。但父母随便就否定掉了的话,既打击了孩子的自信心,又让孩子觉得父母不是真的要他选择的,只是做做样子。下次面临选择时,孩子也就没有什么积极性了,抱着无所谓的态度。既然父母给了孩子自我选择的权力,一旦孩子做出选择就要尊重孩子,这样才能树立好的父母形象,父母说话算话,孩子也会跟着说话算话。

所以,我们尊重孩子对自我世界的决定,那么,他会因而发展出自我约束能力,从而会有一种成就感、自我价值感和责任

感,这对孩子的一生来说都是很重要的。对每个人来说,只有自己才能真正地决定未来的一生如何度过。所以,不要尝试去干涉孩子对自我生命的决定!

6. 孩子寻求帮助,别急着帮忙

回想一下,面对孩子睁着泪汪汪的大眼睛向我们求助的时候,是不是心疼得要命,然后帮孩子把问题解决了?看到孩子屡次失败后沮丧的身影,是不是又觉得孩子还太小,不能承受这些,然后帮助孩子跨越困难……老实说,这样搀扶着孩子成长,孩子是永远都长不大的。

"有困难,找父母"是所有孩子遇到麻烦时最本能、也最简单的解决方式。比如,孩子饿了就会大喊:"妈妈,我饿了。"然后妈妈赶紧给孩子准备吃的,生怕耽误了一分钟。这是妈妈们每天忙得团团转的原因,孩子需要帮助的地方实在太多。

教导孩子独立,第一步就是要让孩子自己处理事情,甚至可以用"无为而治"来形容,孩子饿了让他自己找吃的,冷了自己找衣服穿,包括一些写作业、干家务等事情。孩子每天都会遇到麻烦,而麻烦正是锻炼孩子能力的机会。

因此,一定要抑制住直接给孩子帮助的欲望,这会让孩子懒得思考。这一点在孩子写作业时候最为常见。有的孩子瞄一眼,可能连题目都没有看清,或者根本没有认真阅读题目,就立即求助父母。而父母大概在忙着做饭或者打电话，为了赶紧把孩子打发走，就立即告诉孩子答案。孩子也乐得不用思考，且能又快又准地完成作业。

不经过思考，不经过努力就得到答案，孩子不会学到解决问题的真正方法，渐渐地，思考能力和学习能力会越来越弱。而且父母直接告诉孩子答案，也无法了解孩子不会的真正原因，是上课没有认真听讲，还是思考问题的角度或方法不对路。这显然是比一道题目不会做更严重的问题。

我们要多说"自己想办法"，少说"我来帮你"，一个好的父母一定会给予孩子自己处理问题的权利，而不是把孩子的问题变成自己的问题。让孩子自己处理不是绝对的袖手旁观，当孩子面对问题手足无措的时候，我们可以给孩子一些建议，让孩子拥有绝对自由的选择权利去接受或拒绝。

高明的父母面对孩子的求助，会引导和鼓励孩子自己去寻找答案，让孩子从中学会独立思考。比如，当家里的电视突然没有影像和声音时，爸爸可以让孩子自己去发现问题，看看是电源的问题，还是电视机自身的问题。当孩子找到解决问题的答案时，会充满成就感，而且会产生新的学习动力。

孩子求助，需要的不仅仅是答案，更是你的支持和引导。

>>> **给孩子一点思考的时间**

有研究显示，成年人等候的耐心通常不超两秒钟，这么短的时间孩子根本来不及思考。因此，在给孩子提出问题后，父母要恰当地给孩子留出一些时间，耐心等待孩子经过思考给出答案。

洗浴缸的时候，玛丽用浴缸底部的橡皮活塞挤压地面，发现会和地面粘连，要用力才能把它们拉开。她困惑地问爸爸："这是怎么回事？"

爸爸说："这是个物理现象，想想你是否学过？"

玛丽想了一会说："我记得物理老师讲过。"

爸爸耐心地看着她，过了一会她兴奋地说："我想起来了。那是因为所有的空气都被挤出了活塞，里面的空气压力比外面的大气压力小。"

经过认真思考，孩子的回答往往更科学，更完整和更符合逻辑。除了和孩子探讨，父母还可以鼓励孩子善用外部资源去寻找答案。比如，提醒孩子到书上去找答案，当孩子发现他的许多问题都能在书上找到答案，慢慢也会喜欢上阅读。

>>> **让孩子加深对问题的理解**

如果孩子问的是作业题目，为了防止孩子没有弄懂题意，或者审题不清，可以先让孩子把题目大声读一遍。一遍不行，就再读一遍。读题的过程就是思考的过程，一般读两遍，孩子可能就叫着："哦，我会了。"这种自己找到答案获得的乐趣，要远远高于父母直接给的答案。

如果上面招数没有发挥作用，父母可以尝试亲自再念一遍题目，然后和孩子一起分析题意，帮助孩子梳理思路。或者在题目关键的地方加重语气，启发孩子思考问题。坚持每次都这样做，孩子也会慢慢养成再次阅读题目、加深理解的习惯。

>>> **启发式提问鼓励孩子寻找答案**

启发式提问可以引导孩子思考，提高独立思考和解决问题的能力。孩子在启发下自己找到答案，会大大增强成就感和自信心。需要注意，运用启发式提问不要预设答案，不要在双方情绪不好的时候进行。

孩子需要的不是随时能给出答案的机器人，而是能指点迷津的军师。针对孩子想出的办法，父母可以提示他有哪些不周全的地方。不要一下子把意见说出来，而是点拨孩子自己思考，比如，你可以问："这个方面你想到了吗？""你有没有考虑过可能出现的其他后果？"然后让孩子自己修改原来的方案，直到想出比较满意的方法。让孩子自己去实施计划，解决问题。

古人云："授之以鱼不如授之以渔。"若真为孩子的未来着想，就让他自己去尝试解决麻烦，能不帮就不帮他。必要时只需要给孩子一些方向性的建议，鼓励他大胆摸索。

7. 建立边界，让你和孩子都轻松

很多父母抱怨说，自己为了孩子辛辛苦苦，从早忙到晚，一切都为了孩子好，但孩子却不领情，甚至还老跟自己闹矛盾。他们没有意识到是"边界感"出了问题。亲子关系的边界是指父母和子女之间的界限，即孩子的事情归孩子，父母的事情归父母。

打个比方,你和邻居盖房子,中间必定有一堵墙,墙这边是你家,墙那边是他家。在家庭中,父母和孩子中间的墙,就是教育的边界。

没有边界感的父母在孩子幼年时,无视孩子萌生的独立意识和感受,不给孩子自己做决定的机会,常把自己的想法强加给孩子,认为孩子的一切都应该由自己掌控。当孩子到了青春期,没有边界感的父母甚至偷窥孩子的隐私,比如私自翻阅孩子的日记。被孩子发现后,也绝不肯承认自己的做法有误,而是美其名曰是为孩子好。即便孩子到了成年,没有边界感的父母依然会干涉孩子的各种决定,包括找什么工作,和谁谈恋爱,和谁结婚,乃至结婚后要不要孩子,生不生二胎。每个问题,都让他们操碎了心,却没料到自己的行为已经让孩子不堪重负,甚至厌恶痛恨。

在电影《囧妈》里,徐峥饰演的徐伊万就有一个对她照顾得无微不至的妈妈。火车上,妈妈把红豆水、绿豆水、薏米水,一杯一杯递给他喝。即便在徐伊万打电话的时候,她仍然不断地把小番茄往他嘴巴里塞,上一颗还没吃完,下一颗已送到了嘴边。表面上他忍着接受了,背地里,却恨恨地把小番茄丢出了窗外。

妈妈没有边界的爱,让徐伊万痛苦不已。同时,他又把这种被控制的爱复制到夫妻关系中,使妻子不堪忍受,提出离婚。

没有边界感的父母认为,孩子是我生的,我当然有权对他进行各种指导。表面上是担心孩子走弯路,实质上只想孩子按照自己的设想,一步步走下去。当指导建议变成肆意干涉,父母的一次次跨界，就变成了一次次伤害，让自己和孩子都深受其苦。

心理学家海灵格说，家庭中的每个成员都应扮演好自己的角色，如果角色乱了，家庭就会隐藏危机。父母没有边界感，会严重影响孩子自我意识的发展，就算孩子长大成人也不懂得保护自己的权益，不会拒绝别人。同时，也会导致孩子没有独立思考的意识，缺乏做决定的果断，遇到挫折很可能一蹶不振。而且，父母无边界地干涉孩子，控制孩子，孩子不仅不会感恩，还会想要逃离，或者对父母充满怨气，父母则觉得委屈和不值得，亲子关系由此变得紧张。

不得不说，没有边界感的父母真的很可悲，一边辛苦付出，一边却熔断了孩子获得幸福的可能性。心理学家武志红曾说，很多的中国家庭，正是因为父母与孩子之间缺乏边界感，导致幸福感不强。那么，如何在亲子关系中建立边界感？

>>> **不过分亲密**

《新生日记》里，张亮聊到亲子关系，笑称女儿天天趴在自己身上，非常黏人，但他严肃表示不能和女儿亲嘴，如果想表达爱意，可以亲额头、头发和手背。好的亲子关系，应该亲密而不过度。爱，一定要有分寸。

没有分寸的爱包括，孩子十几岁了，还和父母挤在一张床上睡觉，或者妈妈还在帮十几岁的儿子洗澡。这些事在孩子小时候，看起来没什么影响，但随着孩子年龄的增长，会让孩子觉得羞耻，甚至可能会扭曲孩子对两性关系的认知。

俗话说：儿大避母，女大避父。就是说异性父母和孩子之间一定要有边界意识。所以，父母要顾及孩子的年龄，与他们保持适当的距离，和孩子及时"分离"，这不是亲子关系的离间，而是理性的呵护和爱。

>>> **教孩子隐私的概念**

父母要从小就给孩子灌输隐私的概念，首先是男女有别，教孩子与异性交往注意分寸。其次是身体部位隐私，要告诉孩子穿着小背心和小内裤的部位不可以暴露，不可以给人摸。同时，要告诉孩子上厕所、洗澡或者换衣服这些行为，也是个人隐私行为，不能随意让人观看。

>>> **尊重孩子的各种权利**

孩子不是父母的附属物，孩子拥有的各种权利理应受到父母的尊重。比如，不要瞒着孩子把孩子的书本、玩具等私有物品送人，也不要强迫孩子去分享。和孩子有关的事，尽量征求孩子的意见，让孩子自己做决定。同时，也要告诉孩子哪些东西是他自己的，哪些东西不是他自己的。如果想要使用别人的东西，需事先征得别人的允许和同意。当然，如果别人想使用你的东西，也应该征得你的同意。

父母不必越界去保护和干涉，孩子是一个独立的个体，有自己的思想和灵魂，需要一个有边界的空间去成长。而且边界感，不仅解放了父母，不必事事操心，也会让孩子更加独立自信，更加从容不迫地掌控自己的人生。

第五章

分数焦虑：正确看待孩子的成绩

1. 孩子现在的成绩不等于未来的成绩

对于孩子的学习成绩，很多父母都处于过度焦虑的状态。孩子只不过是一次数学考试没考好，就急得团团转："完了，他这么没有数学天分，以后小升初、中考、高考可怎么办呢？考不上好大学，这辈子不就完了吗？"然后熬夜上网搜索提高孩子数学成绩的方法，第二天一早又到处打听哪里有好的数学补习班，中午就交钱报名。

人们都习惯将学习成绩当作衡量孩子是否优秀的唯一标准。孩子成绩不好，就意味着没有一个好前途。其实，成绩只是一个阶段的学习考核测试结果，并不能代表孩子的全部，更不能决定孩子的未来命运。

俞敏洪也曾强调，"分数对孩子的确很重要，但不能因为孩子分数低就认为孩子没出息。人的成长是一辈子的事情，肯定不是由孩子在小学、中学考的分数决定的。所以，父母一定要改一改判断成功的标准。"

在电视剧《家有儿女》中，刘星的成绩始终是班级里的倒数，每次考试完，大家都会嘲笑他一番。但是刘星的爸爸夏东海却知道，刘星的成绩虽然不好，但是身上还有很多美好的特质。例如，刘星的人缘特别好，非常受同学的欢迎；他非常热心，总是喜欢帮助朋友；他有很强的与他人沟通的能力和组织能力……所以，学习成绩不好的孩子，并不一定是一个不优秀的孩子。

成绩并不能代表一切，面对孩子的成绩，父母首先要端正自己的态度。

>>> 分数没有父母想象得那么重要

网上曾流传一个女孩在国外给国内的父母写的信，她写道："爸爸妈妈，我在美国挺好的，最近还交了个男朋友。他虽然只有初中毕业，没有工作，但是没关系，我可以向同学借钱给他用。他比我大19岁，他对我像对女儿一样，我很喜欢这种感觉。他有时候不开心了会打我，但我不怪他的，因为总是我先惹他生气的。他喜欢滑雪，我们上周一起去滑雪，他把我拉上了黑道，摔断我的两条腿。所以，我现在是躺在医院的病床上你们写的这封信……

好了，其实前面说的都没有发生，我在美国一切都好，没有交男朋友，身体也很好，只是这学期有一门功课没有及格。"

可以想象，父母读完这封信，一颗心是如何从惊心动魄地悬起来，再到落地的。

如果女孩一开始就说"爸爸妈妈，我这次挂科了。"父母会有多愤怒。而现在，相比那些交了男友，摔断了腿等事，成绩不及格简直不算什么。

在孩子成长过程中，会有很多问题，但成绩差绝没有想象得那么重要。尤其是和健康、意外事故、道德品质相比，根本不值得一提。所以，对于那些生死攸关，会影响孩子一生的问题，父母有理由焦虑不安，整夜睡不着觉。但对于一些影响不大、可以逆转或者减轻和改变后果的问题，比如偶尔没考及格，应该高度重视，研究解决，但不必焦虑到彻夜不眠。

>>> 找到成绩差的根源

有父母认为孩子成绩不好就是因为孩子头脑太笨，事实并非如此。曾经有人提出"考试会出现分数的差异，与每个人头脑里所储存的信息有关联性"的理论。也就是说，每个人记忆中所储藏的知识结构，比智商更容易决定是可以得到理想的分数，还是不理想的分数。总之，成绩差并不仅仅由天生的智力决定，还和外在的一些因素有关。

比如有的孩子成绩不好，是因为父母给了他太大的心理压力。当孩子成绩不理想，或达不到既定的要求和标准时，有的父母总会在孩子面前表现出自己的情绪，像是焦虑、生气、失望或气馁等负面情绪。其实这些情绪不仅于事无补，还会给孩子带来很大的心理压力，导致孩子在下一次的考试中又不能得到理想成绩，如此恶性循环。也有的孩子学习成绩差，是学习方法不对。方法不对，事倍功半。

>>> 发现分数之外的优点

父母的想法对孩子的影响是很大的，当父母认为"成绩不好未来没出息"时，孩子在潜移默化地影响下，也会这样认为自己是一个没用的人。因此，父母首先要对成绩有一个正确的认知，不要混淆成绩与其他能力的关系。

公安大学的李玫瑾教授曾说："智力是天生的，当父母发现孩子在某个方面学习不占优势时，就要去研究他有没有其他的优势。"孩子的学习成绩不好，父母除了寻找帮助孩子提高成绩的方法，更要去发现孩子身上的其他特长。一方面可以帮助孩子构建自信，以弥补孩子在成绩差上面损失的自信。另一方面也能了解孩子的潜力和优势，正确指引他未来的发展方向。

林清玄曾经说过这样一段话："小孩的成绩不拔尖，也不要放弃。因为世界上每个孩子都不一样，就像种植物，山坡地种竹笋、香蕉，沙地种西瓜和哈密瓜，烂泥巴里种芋头，不同植物适合不同的土地，不是只有一个样子的。"总有一块地适合孩子这颗种子，父母应学会多元化地培养孩子，不要仅仅因为成绩差就给孩子打上注定失败的标签。

2.为什么说考7至17名的孩子更会有出息

台湾著名作家林清玄，曾在杭州一所小学的课堂上分享这样一段话："如果你的孩子是第一名，那就别让他那么努力，轻松进到七到十七名，那才能成功嘛。如果你的孩子是后几名，那就让他努力进到前17名里面。"

林清玄为什么这么说呢？因为那些世界精英，都不是当年班里的尖子生，在班里的排名多是处在第七名到第十七名。林清玄解释，这是因为处于这个排名中的孩子，压力小，比较轻松，所以更有创造力。而且，这群孩子人际关系比较好，能和第一名做朋友，也能和最后一名做朋友。

的确，第一名要付出更多的时间和精力。那些尖子生，多半每天回家不是在补习额外的知识，就是做更多的练习题。这类孩子本身比较看重分数，或者在父母的影响和要求下很在意分数。通常，他们的眼里只有自己，唯恐第一名被抢走，而很少去关注班里的事情或者其他人，或者处处以成绩为傲，情商通常不会太高。

相反，那些处于第十名左右的孩子，各方面都处于中上等，既不用承担过度的压力，也不会因为成绩而自卑，不会被分数控制，也拥有更多涉猎丰富知识的时间和精力。当孩子在班里比较放松，就容易关注到其他人，对班级的事情会比较热心，也愿意帮助别人，人缘自然不会差。这种人际关系的交往能力，是一个人未来事业成功的关键，比在学校时候的分数重要得多。

另外，这类孩子往往还有一个特点，就是精力充沛。学校的课业他们只拿出部分精力对付，却花时间涉猎很多与学习毫不相关的知识，比如，广泛阅读。或者用来调皮捣蛋，比如怎么和父母周旋、怎么想方设法搞点零花钱、怎么和小伙伴斗智斗勇……这些看似不务正业的技能，实际上都是出了校门后，对他们十分有用的能力和经验。

一个知名企业的人力资源经理也总结多年的招聘经验,发现在校学习成绩中上等的孩子是比较有前途的,尤其是那些自己兴趣广泛,学习还是中上等的孩子,出了社会一般都比较有出息。所以,除了每天督促孩子学习,要求孩子考多少分之外,还要给孩子一点自由,让他去体验更多。

著名央视主持人白岩松在谈论教育孩子时,表示他并不十分看重孩子的成绩,而是愿意在兴趣方面给孩子更多自由。

有一次,儿子想熬夜看球赛,但第二天有课,白岩松居然答应了。他不认为孩子看球是瞎看,没用。比如,在一次比赛中,儿子喜欢的曼城队在最后 3 分钟,连进两个球,成功逆转了 1∶2 的劣势,创下奇迹,拿到冠军。他认为,没有什么能比这更能让孩子感受不放弃的精神了,这是课堂上给不了的。那次看球赛也是夜里,但白岩松相信儿子第二天听课一定会更认真。

别再逼孩子把所有的时间和精力都用在学习上,凡事不必太用力,小心物极必反。除了学习成绩是否进步,我们还要关注孩子的其他方面的成长。

>>> **关注孩子的身体健康状况**

健康的体魄是孩子学习和生活的保障。随着孩子的课业增多,外出活动的时间必然会减少。而且很多孩子喜欢趴着写字,扭曲着身子听课,时间一长,视力下降,体重增加,各种疾病也随之而来。所以,我们要时刻关注孩子的身体健康状况,在闲暇时间多带孩子外出运动，骑骑单车，多多接触大自然，强健孩子的体魄、陶冶孩子的情操。

>>> **关注孩子的心理变化**

处在青春期孩子，总想摆脱老师与家长的束缚，有事不太愿意和与父母及老师交流，情感脆弱，做事易冲动。这时，我们一定要细心观察，悉心引导；要关注孩子心理问题，关注青春期早恋问题；平时要与孩子多交流，询问学习情况，不能等成绩出来了、问题出来才想到去关心孩子；在教育上应该讲究方式方法，态度不能粗暴，语言不能过激，要把握好尺度，特别是在纠正孩子关键性缺点时一定要考虑成熟，选择最佳地点与时机。

>>> **关注孩子和朋友的相处情况**

观察孩子有几个亲密的好朋友，是否和朋友们相处融洽。如果孩子非常喜欢交朋友，性格活泼外向，我们就鼓励他邀请小朋友到家里做客，培养孩子待人接物、与人分享的能力。如果孩子性格内向，不敢与朋友们交往，我们就要多带孩子出门参加社交活动，例如带孩子参加故事会、联欢活动，等等。

生活中的点点滴滴都是孩子成长的见证，我们要跟着孩子一天天地去学会做父母。把孩子培养成为社会有用之才，既是我们做父母的愿景，也是责任，更是一个复杂而长期的过程，不可能立竿见影，一蹴而就，我们要做好充分的心理准备，要有计划和有步骤地去培养。

3. 管得越多，孩子学习成绩越差

有多少父母因为孩子成绩差焦虑不已，无奈只好一个人放弃工作回家"管"孩子学习。或者干脆从一开始就盯着孩子的学习，全程陪伴。父母投入了大量的时间和精力来管孩子，结果孩子对学习总是一副懒懒散散的样子，能应付就应付。为什么会出现这样的情况？

尹建莉老师说："人的天性都是追求自由的，任何被孩子所热爱的事情，一旦变成一项被监督完成的活计，让人感到不自由时，其中的兴趣就会荡然无存。"没有兴趣，缺乏学习的主动性和热情，成绩自然好不到哪里去。

但也有另外一种情况，孩子比较听话，父母的监督和管教在短时间内起到了正面作用。比如，一位任小学班主任的妈妈从小就非常重视儿子的学习，把他安排在自己班里，每天看着他学习，对他严格要求。果然，整个小学阶段，儿子的成绩一直名列前茅。升入初中，虽然妈妈她陪着儿子上网课，陪着预习、复习，但慢慢力不从心。升入高中，她彻底帮不上儿子的忙了。而离开了她的帮助，儿子的学习一团糟，成绩直线下降。因为她管得太多，儿子独立学习的能力几乎为零。

监督和管制只会让孩子失去学习兴趣，学习成绩越来越差。尤其是一些父母因为很害怕孩子输在起跑线上，从小在孩子学习方面介入较多，整天盯着孩子的学习，不肯放松一点，结果导致孩子过早耗尽了学习的热情。而当父母发现孩子的成绩和预想的不符,甚至渐行渐远,对他们的管教或者介入会越来越多,越来越严格,从而陷入恶性循环,使得孩子学习的热情彻底熄灭。

"不管"其实是一件比"管"更难做到的事。因为爱让父母不敢放弃自己管教的责任,同时担心自己的不管会对孩子的未来带来不可逆的影响。但适当的不管,才能让孩子把学习当成自己的事。这里的不管,并不是不管教,而是日本作家岸见一郎在《不管教的勇气》一书中,所写的"不管教让父母放弃掉那些更为任性、自私、非理性的教养方式。"这本书里有一个标题让人看了很有感触,是第二章的一个小节:"一开口就谈学习成绩的父母肯定很烦人吧。"可见,对孩子的学习关注越多,越会让你成为一个不受欢迎的父母。相反,如果你愿意放手,鼓励孩子自己去处理学习上的困难和问题,孩子学习的能力不仅能得到提高,也能体会到更多学习的乐趣。

在豆瓣上,一位妈妈的做法受到了父母们的广泛好评。这位妈妈从孩子上学开始,就决定把学习这件事交给孩子自己,自己尽量少插手。即便是老师要求检查和签字的作业,她也只负责签字,而要求孩子自己检查。她对孩子说,妈妈也有自己的事情要忙,而学习是你的事,你必须自己负责。老师留作业的目的就是让你检查自己哪里不会,有了错误没关系,只要改正并弄懂了就行。

有时候看到孩子作业本上的叉子,妈妈心里也很难受。但她仍然安慰孩子说,这可是你的真实成绩,全对的那些同学有的可能是爸爸妈妈的功劳,光是这一点,你就值得表扬。再说,有错才能让老师了解你的学习情况,也让你自己了解哪些知识还没掌握牢,这样你才能进步啊。

在妈妈的鼓励下,孩子查漏补缺的能力得到很大提高,对于学习中遇到的问题也会主动去解决,和老师沟通解决问题的能力也提高了。

数学家华罗庚说过:"自学,就是一种独立学习,独立思考的能力。"自学能力的培养最能体现孩子的主体作用。教孩子学习的目的就是让孩子学会自学,那么,父母应该如何培养孩子的自学能力呢?

>>> 给孩子自主学习的自由

我们可以引导孩子制订计划,自我安排学习,而不是每天放学回到家就听从安排,什么时候写作业,什么时候玩,形成一种绝对支配和被支配的气氛,这对孩子学习是不利的。

未来社会所需要的人才首先是独立的人,所以我们要大胆放手,鼓励孩子积极地去决定自己的生活和学习,把跟他学习和生活有关的事情交给他自己来选择,逐渐培养孩子独立自主的意识。

>>> 相信孩子自己能够学好

每一个孩子都有巨大的潜能。父母的引导和启发能够使孩子自觉主动地学习和创造性地探索,主动地进行自我潜能的开发。

想要真正把孩子强烈的求知欲激发出来,我们就要把学习的主动权还给孩子,首先要相信孩子有能力学好,接收到父母的这种心理暗示,孩子会受到鼓舞。

>>> **对孩子的进步及时给予表扬**

父母要对孩子的每一点进步都给予鼓励和表扬,使孩子享受到成功感。孩子年龄小,认知能力有限,我们不要对孩子提出过高的要求,以避免孩子有挫败感而产生对学习的厌倦和畏惧情绪。我们也不要轻易责怪孩子笨拙,呵斥孩子无能。父母及时的肯定和鼓励对培养孩子的自信心非常重要。

"不管"并不是一味地让孩子放任自由,相反,摒弃一切事无巨细的"管",有目的、有成效地"管",才是科学的教育方式。

4. 父母的付出和孩子的成绩不可能等同

虽然教育孩子的成本越来越高,但是望子成龙望女成凤的父母丝毫不计较代价。然而,并不是所有的付出都会有收获,有时候父母的付出并不能收到如期的效果。比如,为孩子买学习资料、请家教、报各种补习班,钱花了不少,孩子的成绩却没见提高。为此,一些父母便感到失望、伤心,或者抱怨孩子"考这么差,你对得起我吗?"因为付出没有得到预期的回报,父母焦灼不安,孩子也因此战战兢兢。

在电视剧《带着爸爸去留学》中,刘敏涛饰演的刘若瑜,原本是一位有着光明前途的优秀脑外科大夫，因为觉得国外的教育更好，她抛弃一切，带着10岁的儿子去美国读书，成为一个在家负责孩子吃喝拉撒学习的全职妈妈。

她对儿子说："从我到了国外的那一刻，这世上就没有刘若瑜了，只剩陈凯文妈了。从那之后的每一天，我活的不再是我自己，而是你。"为了儿子陈凯文，她放弃了一切，但儿子不但不感激，反而觉得妈妈让他窒息甚至毫不客气地怼她："我让你来了吗？我求你来了吗？"

我们总是以为有付出就会有收获，总以为给孩子报了那么多补习班，给孩子请了那么贵的家教，陪孩子做那么多辅导资料，怎么会没有一点效果？很多父母只是一味付出，却很少考虑过这种付出可能会收不到预期的效果。

某地高考结束后，一位落榜生的母亲无比痛心地说，十有八九的父母不如她对孩子的付出多。从孩子两岁，她就开始为其精心设计、悉心打造，各种特长班、兴趣班上了不计其数。从学前班开始，各科都请了家教，一对一的名师辅导班没少上，各种提高成绩的方法也都对孩子轮番试过。可是，自己累白了头发累老了心，孩子的成绩没上去，对自己的付出也不领情。

父母以爱的名义的付出，在孩子那里可能成了负担。当父母不断强调自己付出多，孩子成绩差对不起自己，孩子听了就会感到"爸爸妈妈付出了这么多，我欠他们的，如果我考不好，就对不起他们！"或者"如果没有我，我爸妈会活得更轻松，是我拖累了他们！"

虽然孩子会因为愧疚而更加努力，但当心理压力过大时，孩子就会产生厌学情绪，甚至破罐破摔。细心观察生活，我们可以发现这类"出力不讨好"的事很多。就拿种花来说，每天悉心照顾，但是花儿也并不一定能如愿成长、绽放。孩子的成长与成才何尝不是这样呢？

>>> 错误的付出只会适得其反

父母的付出没有回报，很大程度上是因为付出的并不是孩子需要的。有孩子在作文中写道：父母只顾给我施肥，但我缺的是水。他们总是对我说"你只需要好好学习，别的啥也不用管。"我也知道学习很重要，但他们却在无意间让我心情烦躁，让我厌学。当我成绩下滑时，他们从不与我谈心，而是一味地在身后驱赶我"要努力学习"。

父母只为付出而付出，有时候甚至沉迷于这种自我牺牲带来的自我感动，却不肯承认自己的付出，孩子并不需要，甚至会害了孩子。

在电视剧《小欢喜》的姊妹篇《小舍得》中，"学霸"米桃的父母文化程度不高，爸爸开便利店，妈妈给别人当保姆，在城里没资源没人脉。但他们想让女儿有出息，想给女儿报最好的补习班。两万多的费用虽然让他们着实为难，却还是咬着牙凑齐了。

这种牺牲和付出真的对孩子好吗？事实是，家中经济的窘迫让米桃很自卑，而且长期以来，只看重成绩的米桃身体发育受了影响，心理压力也很大。在原著小说中，米桃最后患了严重的抑郁症，休学回老家了。

米桃妈只想女儿可以像别的城里孩子一样去学习更多知识，却忽略了自己的家境，她们没有那个条件。她的雇主田雨岚说的并没有错，以米桃妈的能力，没必要非让女儿去那么昂贵的补习班，她可以去其他辅导学校学习。米桃的班主任也提议，如果没有条件去旅游，那就多看书，去图书馆看书都是免费的。米桃妈看似是为了女儿好，其实更大一部分也是自尊心在作祟，希望女儿能体面地进入人人羡慕的补习班。

在很多家长眼里，对孩子教育的重视程度就是取决于给孩子花钱的力度，总觉得孩子成绩不够好，就是钱没花到位。错误的付出只会适得其反，让原本能取得好成绩的孩子厌学了。

>>> 孩子因为被接纳才优秀

父母总是希望孩子成绩优异，每次考试都名列前茅，但那并不现实。一个班里，有几乎一半的父母要接纳孩子成绩平平，或者成绩不理想。当然，接纳不等于消极接受，不再做积极的努力去改变。接纳是指父母不再因为成绩差抱怨、责骂孩子，而是愿意去倾听和理解孩子的感受，愿意去了解孩子考试失败的真正原因，愿意和孩子一起面对学习的困境。

维超从小学到初二，成绩一直平平，尽管父母也给他报了不少补习班，课余时间也都安排得满满的，但也未见起色。初二下学期，妈妈见他的成绩依旧，就在内心里告诉自己，孩子不是天才,也成不了神童,就别那么苛求了。于是,妈妈不再责骂孩子,也不再逼着他去上各种补习班。她开始每天抽出半个小时和孩子聊天,询问他今天学了什么知识点,有哪些题目不会。有时候也会帮着孩子一起解难题,有时会告诉他:"妈妈根本做不出来,你愿意明天请教老师后,回来给妈妈讲一遍吗?"维超有点诧异地答应了。

第二天回家,维超第一件事就是告诉妈妈昨天那道题他学会了。周末,她会给孩子留出一天时间,让孩子去做自己想做的事,想出去玩就出去玩,妈妈不阻止。另外一天,妈妈让他自己安排写作业和复习。

这样尝试了一段时间后,维超的成绩慢慢有了起色。而妈妈看着他把每周学的内容都掌握了,也不再像以前那么着急焦虑了。

养孩子也是投资,并不是所有的投资,都有相应的回报。有时候,我们也要做好回报少,甚至没有回报的准备。

5. 孩子成绩不好,鼓励比打击更重要

《中毒的父母》中有这样一句话:"没有一个孩子愿意承认自己比别人差,他们希望得到成人的肯定。"

一个男孩一直被一个问题困扰着,那就是:"为什么他的同桌总能在考试拿第一,而自己也想考好,却总是三十几名?"他忍不住问妈妈自己是不是比同桌笨?我们都是一样听课,一样完成

作业啊。

妈妈其实很想告诉他,人的智商是存在差异的,但她又不想让孩子为自己天生的不优秀而自卑。她只说:"每个孩子对知识的掌握时间不同,你只是需要一点时间,下一次,你就能超过很多人。"

后来,男孩考了第20名,他的同桌仍然是第一名。他回家又问妈妈,是不是同桌的脑子比自己聪明?妈妈虽然很想说是的,但觉得那会让努力的孩子很伤心。

妈妈一心想给孩子一个能鼓舞他的答案,这个答案在海边找到了。妈妈和他坐在沙滩上看远处抢食的鸟儿,妈妈说:"你看,当海浪来的时候,小灰雀起飞的速度快,拍几下翅膀就能腾空而起。海鸥显得有点笨拙,起飞速度要慢很多,从沙滩到天空要不少时间。但,海鸥却能飞过整片大海。"

后来,这个男孩考入一所著名院校。他说,这一切都是妈妈的功劳。

孩子能否成才,能否取得好成绩,聪明与否不是决定因素,重要的是持续不断的进步,即使每次只有一丁点进步,那也是在提高。事实上,总是期待"大飞跃"是不现实的。万事万物都是在点滴积累的量变中迎来质变的。肯定孩子的付出和努力,孩子会多一点勤奋,多一点努力,这是一个良性循环的过程。

试想,如果孩子的成绩每天都能进步1%,你就不用担心他考不上心目中的大学。持续不断的1%的进步,长年累月的积淀,一年便有 365% 的进步。不要期望孩子瞬间飞跃，只要孩子坚持每天进步一点点，总有一天会把差生的帽子甩得远远的。孩子考得不好，不能盲目批评，但也不能盲目鼓励。比如，你对考了倒数第一的孩子说："在妈妈眼里，你就是最棒的，最聪明的。"这会让孩子怀疑你的话，"我是最棒的，为什么还会考倒数第一？"进而发现父母是骗自己的，根本不能从父母的鼓励中得到安慰和力量，更不用说重拾信心。那么，父母如何鼓励成绩不好的孩子，让他重拾信心？

>>> **共情鼓励**

孩子没考好，其实自己心里也很难过，父母需要进行换位思考，与孩子共情，才能更好地鼓励安慰他。例如，可以说："你是因为没考好所以不开心吗？妈妈在你这个年纪，也会经常考不好，每次考不好都要在外面磨蹭半天才回家。"与孩子共情，才能更好地体会他的感受，然后循序渐进地进行鼓励，帮他建立学习的信心。

>>> **有进步就表扬**

当孩子上次考试排名倒数第一时，你生气大怒，结果这次还是倒数第一，你又生气大怒。其实这样完全没有意义。即使孩子的成绩差，我们也要从中看到他的进步。比如上次他考了 30 分，而这次考了 40 分，我们要做的就是鼓励孩子这 10 分的进步，帮助他树立学习的信心，他已经在进步了。进步就要表扬，不要一看到不及格就责骂。

>>> **夸奖孩子努力学习的过程**

有的孩子很聪明，稍微一努力，成绩就上去了。但父母不能把鼓励的重点放在聪明上，而应该放在孩子努力的过程上。告诉他："你每天都按时完成作业，每天都认真听讲，这才是你进步十几名的原因。"只有将"勤奋努力"这四个字烙印在孩子的心上，才能让孩子不放松对自己的要求，从而更加刻苦勤奋。

研究也发现，经常被夸奖努力的孩子，会形成成长思维：相信只要自己努力，就能战胜困难。即使挑战难度升级，孩子也不会轻言放弃，随着困难不断被战胜，孩子更容易获得自信和进步。

6. 培养孩子的生活情趣，比分数重要

所谓生活情趣，是精神生活的一种追求，对生命之乐的一种感知，或者说是一种快乐的能力，一种时时都能在生活中找到快乐的能力。

对孩子来说，快乐是简单的。一朵小花，一只蜗牛，一个水中晃动的月亮剪影，都能让他们痴迷半天，快乐很久。这些快乐的感受，就是生活的情趣。但现在的我们为了孩子未来能考入一个好的学校，有一个好的未来，不自觉地剥夺了孩子去做这些看似没意义的事，希望他们把时间和精力更多地花费在学习上。

如果我们不只是希望能考出好成绩，还希望他成为一个快乐

的人，那么我们就不能忽略对孩子生活情趣的培养。这种培养不是带孩子去上一个兴趣班就能搞定的，而是需要我们自己先做一个有情趣的人。

微信公众号"十点读书"的签约作者菀彼青青曾写过一篇文章，文章中讲述了这样一个故事。一次，作者去外地旅行，参加了当地景点举办的桃花节。作者遇到了一对母女。她们走在路上，突然间小女孩摔了一跤，于是母亲便和女孩坐下来休息。不一会儿的工夫，这位母亲用野花和草编了两个花环，戴在了自己和女孩的头上，女孩不再为摔一跤而伤心，看见花环的瞬间便露出了笑颜。后来路过的孩子们也对她们头顶的花环羡慕不已，于是这位母亲又编了好几个花环送给那些孩子们，他们个个欢呼雀跃，开心极了。

一个随时随地都能保持生活情趣，并愿意哄孩子们开心的妈妈，一定是个热爱生活的人，也是一个内心温暖之人。当我们口口声声说，"希望孩子开心快乐"的时候，是否想过自己是不是一个快乐有趣的人？

想让孩子成为一个有情趣的人，父母首先就需要为孩子树立一个好榜样，比如热爱生活、热爱一切美的事物等，乐于和孩子去发现美，感受美。

新东方总裁俞敏洪在一次演讲中讲过这样两个故事，有一次他和家人去海边度假，看月亮一点点探出头，然后跃出水面，把淡淡的光辉撒在海面上，非常美。看了一会，俞敏洪说天有点凉了,回去吧。没想到女儿坚决不肯回去,非要等月亮升到头顶。最后,大家又在海边待了几个小时看月亮离开水面,慢慢升高。

还有一次,俞敏洪带儿子去野外露营。回家后,儿子就在房间里搭了一个帐篷,钻进去睡。他问爸爸:"我们什么时候能再睡在星星下面?"这句话让俞敏洪非常震撼。

俞敏洪问台下的观众,你们是否曾在晚上带孩子去看月亮?是否曾和孩子一起躺在远离城市的草地上看星星?是否曾带孩子去辨别过各种各样的农作物?

美无处不在,整洁舒适的家居环境,色彩调和的家具饰品,衣着服饰的出色搭配等,都会使孩子建立良好的审美观。让孩子玩些色彩鲜艳的玩具,玩水、沙子、泥巴、气球、各种纹理的布,通过感觉刺激大脑的发育,增加对色彩的敏感度。

我们也可以陪孩子在细雨中漫步,在草地上摸爬滚打,坑平衡木、玩球、在音乐中手舞足蹈,增加身体的协调性。观察1朵花、1片叶子、1颗星星、1只昆虫,愉悦身心,快乐的孩子才具有创造力。大自然会给人灵感,风声、雨声、鸟语花香,对大自然感兴趣的孩子会成为一个有情有趣的人。

那么如何培养孩子成为一个有情趣的孩子呢?

>>> **坚持每天写一段话**

孩子对于每件事都有自己的看法,鼓励他写下来,并且坚持一段时间。当他回头去看时,会发现原来那时的自己是那么想的呀。孩子也许擅长写东西、讲故事,也许不擅长,这都无所谓,仅仅写作的本身就足够有趣。

>>> 带孩子去看现场剧

儿童剧、音乐剧、布偶剧等都适合孩子的观看。这些现场表演带给孩子的感受，是无法通过看电视体会出来的。同时这些直面观众的表演，能够让孩子切身地知道如何用肢体及语言吸引到目标对象的注意。孩子不一定学得会，但至少也是一个有趣的体验。

>>> 和孩子一起学做饭

哪怕是一个简单的番茄炒蛋或是手卷寿司，让孩子体验自己吃自己做的美味的感受，其中的成就感和满足感，足以成为生活乐趣的一部分。

>>> 见识更多有趣的人事物

抽时间带孩子去旅行，开阔眼界是生活中最有趣的事情。如果你工作很忙，没有那么多的时间，不妨多去发掘一些身边有趣的地方，或者小店，或者集会，或者CityWalk（城市行走）。

生活有情趣的人处处都可以发现美，找到爱，看到人生的风景，找到生活的快乐。让孩子拥有一种情怀，让他成为一个有趣的人，也是可以让孩子终生都可以享受到人生的快乐的一种能力。如果我们把这样的能力带给了孩子，我们就等于给孩子的快乐买了保险，他既会成为一个活得很有热情的人，也会成为一个可以给他的家庭带来快乐的人。

第六章

未来焦虑：
有强大的生存力
就不怕

1. 自信是孩子走向未来的第一品格

缺乏自信心的孩子，畏首畏尾，做什么都怕错，稍遇困难和挫折就会放弃。自信的孩子则没有什么畏惧和担心的，敢于尝试，失败了也不怕。有自信的孩子无论在学习中，还是在生活中，抑或是在今后的工作中，他都能保持积极乐观的心态，调动所有智慧去解决问题。

孩子可以没有各种才艺，没有高智商，但一定不能没有自信。自信就像是孩子的翅膀，可以带他去追逐想要的美好。

研究发现，孩子在出生的时候，是没有自信和自卑的感觉的。很多孩子之所以在后来缺乏自信，甚至变得非常自卑，是因为父母过度的保护和关爱，或是给予的斥责和批评过多。比如，孩子想学游泳，妈妈说，不行，你是早产儿，体弱。孩子说，我想学炒菜，妈妈又说，你不行，你还小，会烫着手的。当父母总是说孩子不行，"我不行"的意念就会在孩子的头脑中扎根，变得对做任何事都没有信心。

这是对孩子的过度的关爱和保护所出现的结果。还有就是另一个极端：不切实际地对孩子无限的期望！因为每个孩子都是不一样的，各有所长，各有所短。因为，孩子特点的形成因素十分复杂，比如，每个孩子的先天遗传基因不同，后天的家庭经济状况、教育环境、生活给养、生存空间、社会关系等各方面千差万别，所有这些因素，都会反映到孩子的身上，打上深深的烙印。

可是，许多家长忽视了这个事实，总以为别的孩子能行的，我的孩子也能行。当父母把不切实际的愿望强压在孩子身上，并且不断逼孩子去做到，结果却是"恨铁不成钢"的徒劳。不但是父母自讨苦吃，也毁了孩子的自信心。

另外，一些父母从不把孩子的自尊当回事，随意打击。比如，骂孩子是"笨蛋""猪脑子"……会让孩子越来越自卑。如果说孩子成绩差很危险，那么自卑更危险。

每个人都有自尊，都有被别人尊重的心理需要，孩子也不例外。孩子的自信首先来自于被父母尊重，如果连父母都不尊重孩子，孩子怎么可能自信呢？

孩子的自信从哪里来？肯定不会从指责、打击、否定中来，而是从接纳、认可、鼓励和赞美中来。很多事情并不是孩子没有能力做，而是因为父母不相信孩子能做到，导致孩子不相信自己能做好。父母要接纳孩子的不完美、认可孩子的每一点进步、鼓励孩子去尝试，相信孩子，也让孩子相信自己。

>>> **经常告诉孩子"你能行"**

一位儿童心理学家曾经说过："每一个孩子都是天才。"因为每个孩子都在某一些方面与众不同或优胜于他人。父母要相信孩子会尽力去做他力所能及的事情，常常对他说"去吧，你能行。"一个孩子能做到什么程度，往往取决于父母相信他到什么程度。不过，不要盲目鼓励孩子做明显做不到的事。因为如果一味督促，或者施压要求孩子做超过能力之外的事，不好的结果会影响孩子自信的建立。

>>> **寻找孩子身上其他闪光点**

从来就没有一无是处的孩子，或许你的孩子胆小怯懦，或许你的孩子粗心大意，但是只要做有心的家长，就一定能找到孩子身上的闪光点，同时给予孩子必要的赞扬，这样可以很好地加强孩子的自信。

路德的成绩很差，妈妈给他请过了家教，依然没有改观。但是，妈妈发现路德非常助人为乐，他积极地帮助生病的同学打扫卫生、为女同学修理凳子。于是妈妈就抓住了这个优点，经常夸奖，"路德，我为你助人为乐的精神感到自豪。"在这样积极的暗示下，路德在班里表现得更加积极。后来，他被推荐为生活委员。路德不但认真完成生活委员该做的事情，还很有凡事带头的意识。妈妈对他说："你现在是班干部了，在学习上也要带个好头啊。"路德郑重地点点头。

父母要学会用发展的眼光看待孩子。孩子尚小，很多缺点和优点都没有定型，父母可以通过寻找孩子身上的闪光点来激励孩子，让孩子变得自信起来。

>>> **接受他人对孩子的夸奖**

当他人夸奖孩子时,父母要坦然接受,还可以顺势夸奖一下孩子。例如,孩子考了第一名,有朋友夸奖:"考第一名真是太了不起了,真是个聪明的孩子。"父母可以这样说:"是挺厉害,他每天都学到很晚,很不容易。"

肯定孩子的努力,并给予夸奖,可以增强孩子的自信心。同时,父母在私下里需要告诉孩子,不能因为夸奖而骄傲,学会谦虚才能保持进步。

2. 吃过苦的孩子,不畏未来风雨

很多吃过苦的父母都舍不得孩子吃一点点苦,连书包都舍不得让孩子背,怕压着他稚嫩的肩膀。南京师范大学郦波教授说:"真正的教育,是再富也要苦孩子。"真正有远见的父亲,应该舍得让孩子吃点苦,让他亲自去体验一下生活的"不容易"。

身价百亿的富豪霍启刚和妻子郭晶晶带孩子到农田体验插秧。他在微博晒出一组一家人戴着草帽,挽着裤腿,站在满是污泥的稻田里插秧的照片,并配文说:"刚刚过了一个非常有意思的周末,跟老婆孩子一起去香港二奥村,体验了农民伯伯的辛苦。现在的孩子成长在幸福时代,没有饿过肚子,挑食和浪费成了习惯,他们需要知道粮食从哪里来,学会珍惜,学会知足。"干完农活后,一家人还一起享受了简单的农家菜。

闻名世界的大诗人于戈亦说:"你什么都可以给孩子,唯独对生活的经历,喜怒哀乐,成功挫折,你无法给孩子。经历不到这些,他就没有对生活的获得感。"父母如果舍不得让孩子吃苦,无论是物质上的苦还是精神上的苦,一点磕碰和一点委屈都不忍,不仅不利于孩子身心健康成长,还会让孩子养成坐享其成、衣来伸手饭来张口的坏习惯,进而影响他未来的生存力。

"股神"巴菲特曾在一次专访中说过:"我准备让自己的子女先到别家公司里工作,让他在那里锻炼锻炼,吃吃苦头。我不想让儿子一开始就和自己在一起,因为我担心儿子会总是依赖我,并指望我的帮助。"

有远见的父母明白"人无远虑,必有近忧"的道理。因此,必须从小让孩子学会吃苦,习惯吃苦,因为这样可以让孩子在今后面对更大的苦难时,能够弱化苦难对孩子的冲击,也让孩子更有底气去面对。

在一期《少年说》中,一位刚上初一的女孩登上高台后第一句话喊给了她的爸爸"你真的太狠心了",主持人和同学们一脸不解。原来在这个女孩刚升初一的暑假里,她的爸爸给他制定了为期三个月的军事化训练:每天五点半起床,进行跑步、跳绳、投球各种体育运动,家中一日三餐都由她来做,期间必须完成一定的课业量,父亲还要进行考核……

听女孩说着,台下的同学纷纷向她的爸爸投去异样眼光。可这位父亲却只问了女儿几个问题,父亲问女儿新学期已经开始了一段时间，学习苦不苦，女儿回答"不苦"，又问她累不累，女儿回答"不累"，父亲又问快乐不快乐，女儿回答"快乐"。回答了这些问题后，女孩潸然泪下，仿佛明白了什么。

这位爸爸说："看似是简单的军训，却是对人生更好的磨砺。你能坚持三个月，就能坚持初中三年，人生的三十年。"

美国教育学家芭贝拉·罗斯说："父母必须让孩子知道，在成长的道路上，不可能是一帆风顺的。成功往往是与艰难困苦、坎坷挫折相伴而来的。"父亲总想把最好的或者更好的留给孩子，但我们能留给孩子的礼物绝不是金钱、房子或车，而是应对一切困境的能力，是面对苦难的心态，是当我们离开这个世界时，他们拥有能够抵挡风浪披荆斩棘在这个世界砥砺前行的能力。

父母对孩子的爱也有大小、阔狭之分。那种唯恐对孩子管得不细、捆得不牢的爱是渺小、狭隘的爱。而主动让孩子多吃苦、多历练，养成健全的人格和独立的生存能力，才是宏大、广阔的爱。有远见的父母都舍得和懂得让孩子吃苦。

>>> **吃苦教育从小开始**

一些父母认为，孩子还小，没必要对他进行这方面的教育，等大了，孩子自然会知道什么是苦。有专家指出，有意识培养孩子的动手能力和年龄的大小没有必然联系，相反，如果能在孩子小的时候给他们灌输不怕苦的思想，将会对他们以后的成长产生积极的影响。

>>> 把吃苦融入日常生活中去

吃苦教育，不是一本正经地对孩子说："今天，我就要让你尝尝吃苦的味道。"这种吃苦教育是没有意义的。正确的做法是把吃苦教育融入日常生活中，在孩子不知情的情况下进行。譬如，无论在生活上还是学习上，给孩子安排一定的自理任务，孩子能做的，父母绝不要包办代替。

>>> 吃苦不等于"受虐"

让孩子吃苦，但不是让孩子"受虐"。一些父母知道了吃苦的好处，就"逼"着孩子去参加一些"吃苦"夏令营等项目，而不管孩子是否乐意。父母的逼迫，会让孩子意识到吃苦是父母给自己的一种惩罚，心里就会强化这种"负意识"。孩子的忍耐力因此降到最低，这等于还没出征就失败了。

吃苦教育，"虎妈""狼爸""鹰爸"的方式不足学。父母需先估量孩子吃苦之力而后才行吃苦之教，需尊重孩子意愿而不搞强迫命令。

3. 创造力，人工智能无法替代的能力

未来，总是会超乎我们的预料。正如《南风窗》写的那样：今天怎么想象未来，都是幼稚的。当人工智能、物联网、云计算，这些看起来高度技术化的名词，刷爆朋友圈，走进寻常人的视野，也让父母陷入焦虑。我们今天培养的孩子，能否适应未来社会？

李开复在 TED 舞台上做过主题为《在这场 AI 浩劫中,唯有创造性工作方能全身而退》的演讲,他在其中谈道:"未来是人工智能的世界,失业的浪潮会席卷全球,而只有一种工作——具有创造性工作是有保障的,因为人工智能可以优化但不能创造。"

美国心理学家 E·保罗托伦斯更是给出了具体的结论:创造力与成就有正比的直接关系,这个预测指标,比 IQ 等其他方面还要准确。如果我们的孩子没有创造力,纵有高学历,也会在未来的失业风暴中被撕得粉身碎骨。

那么,什么是创造力?心理学家认为,具有创造力的孩子具有新异、适宜、高质的创造性思维,这是创造力的核心。司马光砸缸,诸葛亮的空城计,都是创造性思维发光的典型表现。

发表在 2010 年《新闻周刊》上的文章《创造力危机》中有这样一句话:"98% 的学前孩子都有着天生的创造力,但步入学校教育后却只有 2% 的学生在成长过程中一直保持着这种创造力。"那么如何保护孩子的创造力?关键不在于如何"向孩子教授创造力",而在于如何营造一个有利的环境,使他们的创造力得以扎根、生长并蓬勃发展。

在米歇尔·雷斯尼克所著的《终身幼儿园》一书中,提出了五个策略来教父母保护孩子的创造力。这个五个策略分别是想象、创造、游戏、分享和反思。

>>> 想象

"想象力比知识更重要。"这是科学家爱因斯坦的名言。爱因斯坦在回顾自己的童年时,多次谈起他所体验的惊奇感。他说:"思维世界的发展,在某种意义上说就是对'惊奇'的不断摆脱。"他认为,学生最可贵的动力是想象力和好奇心。

父母可以利用空白的页面、空白的画布以及空白的屏幕,鼓励孩子天马行动地表达自己。比如,建议孩子插入自己的声音或者添加一些自己的想法。并让孩子思考怎么做才会与众不同?怎样才能增加个性化的风格?不要认为想象只发生在脑子里,其实动手同样重要。父母要鼓励孩子摆弄、捣鼓东西,比如拆玩具、修东西。

>>> 创造

创造性的活动有很多,如各种手工,废旧卫生纸筒制作的城堡、树叶做的玩偶、旧衣服做的灯罩等。父母总是给孩子买各种高档玩具,其实再昂贵的玩具都不如和孩子一起制作玩具。大自然里的树枝、树叶、石头,家里的纸杯、纸壳、毛线、面粉等都是现成的材料。

不同的孩子对不同类型的创造感兴趣,有的孩子喜欢用乐高积木搭城堡,有的孩子喜欢编织手链,还有的孩子喜欢做甜点。另外,写诗和编故事也是一种创造性活动。孩子可以通过所有这些活动,了解创造的过程。父母要做的就是帮助孩子找到他喜欢的创造方式,或者鼓励孩子参与各种类型的创造活动。

>>> 游戏

有很多父母总是倾向于开发智力的游戏,认为那才是有用的，而对于孩子玩泥巴就不太支持。甚至很多父母为"什么样的游戏最有益"而困扰。事实上，游戏注重的是过程，而不是结果。在游戏的过程中，和孩子一起发明更多的玩法，一起开脑洞，开启奇思妙想的模式。

>>> 分享

孩子都愿意分享他们的想法，并和他人共同协作，但他们时常不知道该怎么去做。你可以帮助孩子找到和他一起协作的人，不仅仅限于现实生活中，还可以是在网络世界里。比如，我们可以召集和孩子有共同爱好的孩子一起创作，制作雕塑、排练戏剧等，让他们在协作的过程中互相交流沟通。

当孩子沉浸在项目创作中，父母还可以用提问的方式引导他们思考。如"你是怎么想到这样做的？""最让你感到惊讶的是什么？"这能促使孩子思考并改进自己的创作。而且在孩子在描述自己的想法时，常常不需要给他们提供进一步的信息，他们就能自己发现问题所在。

>>> 反思

父母们不习惯和孩子分享自己的思考过程，原因可能是不想暴露自己在思考过程中遇到的困惑和不确定。但与孩子讨论自己的思考过程，是你能给他们的最好礼物。对孩子来说，听到你思考的策略，以及在几种方案中的犹豫、不确定，会让他们反思自己的想法。如果你是一个创造性思维者，那么孩子在模仿的过程中，也会成为创造型思考者。

当然，想象、创造、游戏、分享和反思，这不是一个单一循环，当孩子经历了这个过程，又获得了新想法，就继续下一个螺旋式的迭代，再次开启一个新的创造力循环。随着螺旋的每一次迭代，你都会有新的机会来支持孩子进行创造力的活动。

4. 抗挫折力，是孩子行走世界的底气

"某学校四年级学生跳楼，跳楼前曾请假老师不准"，"某学校研究生跳楼自杀，因为论文未通过"……每每看到类似的新闻，就感到无比窒息。从小学生到博士生，各个年龄阶段自杀的都有。

李玫瑾教授曾说："孩子需要经历挫折，挫折训练是性格当中非常重要的内容。只有拥有强大的逆商，才能使人生的格局更大。"俞敏洪也说："父母向孩子传递逆商，是一件比上大学更重要的事！"

俞敏洪说自己在大学里又窝囊又自卑，因为他高考考了三次才进入北大，英语水平也不好。不过，他说自己之所以有今天的成就，是因为他有必不可少的逆商。

有逆商的孩子一般性格较为开朗，更加自信、勇敢，能很快从不良情绪中走出来。面对挫折，他们会积极寻找解决方案，而不是抱怨。从小让孩子学会正确面对挫折和失败，甚至有意经受挫折，有助于孩子更加健康的成长。

一位美国儿童心理学家说:"有十分幸福童年的人常有不幸的成年。"很少遭受挫折的孩子,长大后会难以适应激烈的竞争,并为此深感痛苦。孩子早晚都要自己进入社会,许多父母却不敢把孩子放出去,怕他们因为没有经验而遭遇挫折失败,怕他们轻信别人上当受骗。这样做的结果,也许能避免孩子走弯路,但也会让孩子的心理承受能力得不到锻炼和增强,经不起一点小小的挫折。

对孩子进行挫折教育不是简单的批评、说教,也不是故意让孩子"自找苦吃""以苦为乐"。真正的挫折教育应该是抗挫折教育,使孩子有勇气敢于面对困难,有能力克服困难。比如学走路时摔倒了,大人不去扶,让孩子自己爬起来;出去玩时,孩子玩累了,不想走了,不要马上让孩子休息,而是鼓励孩子再坚持……同时,进行挫折教育时,父母还要注意以下几点:

>>> 帮孩子调整心态

孩子遇到挫折困难,难免会唉声叹气,表现出沮丧、失落。这时候,父母再给以责骂、呵斥,等于在孩子的伤口上撒盐,让孩子更加害怕挫折。建议父母使用正确的方法帮助孩子度过情绪困境。首先,是情绪和心理上的调整,让孩子正确认识困难,比如告诉孩子"困难并不等于绝境"。其次,可以通过改变看问题的角度改变对事情的看法,比如利用塞翁失马的故事,让孩子看到挫折积极的一面。

事实上,只要父母对孩子的努力行为做出了正确的评价,那么鼓励孩子克服困难和挫折就会变得比较容易，孩子也更能正确看待自己的行为和结果之间的关系。

>>> 设置适当的挫折

在平时的生活和学习中，父母不妨有意识地设置一些困难和障碍，以此来培养孩子的耐挫折的能力。有一位家长给孩子布置了两个特殊的作业：第一个是要求孩子每天上下13楼，不再乘电梯；第二个是每天上学和放学的时候，要求孩子不再乘汽车，而是坚持步行走3站路。

父母在为孩子设置困难时要注意：1. 要适度，具有一定难度的挫折，能让孩子有挑战欲，但又不能太难，使孩子无法克服；2. 循序渐进，否则容易击垮孩子的自信心；3. 及时鼓励和表扬，如此才能强化孩子的积极性；4. 不要太在意孩子的情绪反应，父母只需给予温情的鼓励以及必要的心理上的支持即可。

>>> 在孩子退缩时鼓励

当孩子遇到挫折并准备退缩时，父母要及时肯定孩子取得的成绩，从而强化孩子的自信心。一句"你行的""干得很好""你真勇敢""好样的"……都能激发孩子更强的斗志，激励他努力去克服困难。当孩子一次次战胜困难时，便增添了勇气，激起了战胜困难的愿望。这样，孩子才能在挫折中锻炼出坚强的性格。

孩子早晚都会走入社会，独自面对生活的风风雨雨。如果孩子没有正确的心态面对挫折，长大后会因为不适应激烈的竞争和复杂多变的社会而饱受痛苦。

5. 让孩子受用一生的竞争意识

"天下没有免费的午餐",无论是学习,还是未来的职场、恋爱,处处充斥着竞争,如果孩子没有竞争意识,不去积极争取,那么谁会主动让一片天地给他?甚至于孩子可能成为一条"蚕",老鹰吃它,小鸡啄它,连蚂蚁也围着咬它……

心理学研究发现,激发孩子参与竞争的热情和动力,可以促使孩子不断提高自己、超越自己。值得庆幸的是孩子们的竞争意识与生俱来,刚学会说话的时候,他们会对别人说"这是我的""我的最大!"……类似的竞争语言。上了小学后,班级和学校里会有更多的竞争活动,比如老师以组为单位给予的各种奖励,学校组织的大型体育比赛等。

>>> **有效培养孩子的竞争意识**

有心理学家研究显示,6~12岁的孩子自我意识最明显,在这期间,孩子对各种竞争的结果也特别敏感。父母要鼓励孩子积极参与集体活动,激发孩子参与竞争的热情和动力。

1. 创造竞争环境

父母应有意识地培养孩子的竞争意识,例如早上起床,可以让孩子和父母比赛扣扣子,看谁速度快。平时多鼓励孩子和小朋友一起游戏、学习,并有意识地运用比赛的形式让他们比高低,赛胜负,如比一比看谁跑得更快,谁的房子搭得更好等,这些简单的比赛能够激发孩子竞争的欲望。

2. 比赛游戏

闲暇时间，父母也可以和孩子玩剪纸比赛，用橡皮泥捏小动物比赛。在这些竞赛的过程中父母应表现得充满热情，并和孩子一起把成果放在鲜艳的地方，鼓舞孩子去争取胜利。

3. 适当激励

父母可根据孩子对竞争的反应程度，来选择不同的激励方式。如果孩子对竞争反应平淡，父母就应多激励孩子；如果孩子对竞争反应较强，父母则要引导孩子适当地控制情绪，转移孩子的注意力。

>>> 树立正确的竞争观念

从某种意义上来说，有竞争意识当然对孩子的成长有利，但是当孩子的竞争意识过分膨胀，好胜心过于强烈时，往往会滋生出自私、嫉妒、霸道，缺乏团结和团体精神等负面情绪。这样的孩子在集体生活中往往也容易被人孤立，而他的竞争意识也会遭受损伤。因此，父母要帮助孩子树立积极正确的竞争观念。

1. 区分竞争和嫉妒

"知心姐姐"卢勤女士曾谈到过竞争与嫉妒的问题，她告诉孩子们说："比如说两个人比赛跑步，后边的人想，前边的人最好让石头绊倒摔一跤，好让我超过他。这就是嫉妒。嫉妒是把自己的成功建立在别人失败的基础上。反过来，后边的人想，我要用力跑，超过他，一定要超过他。这就是竞争，竞争是把成绩建立在自己努力的基础上。"

当别人在竞争中获胜，不少孩子都会不服气，对别人的成绩冷嘲热讽，父母就要及时引导。引导孩子把嫉妒转变成动力，才不会让竞争变味。

2. 引导公平竞争

如果为了竞争不择手段，如为评上三好学生、优秀干部，送礼请客贿赂拉票，为取得老师的信任诽谤他人等。即便这样得到了自己想要的结果，也不是非常光荣和自豪的。父母要让孩子懂得竞争的原则，以公平、公正的心态去参与。竞争应有利于集体和他人，同学之间的竞争应有利于共同提高。

3. 向对手学习

孩子很容易敌视对手，甚至诋毁对手。父母要教会孩子尊重对手，正视对手，与对手进行良性比较。告诉孩子，竞争并不意味着打败对方，更高级的竞争方式是把对手视为自己学习上的伙伴和朋友，积极学习对手的优点，向对手请教问题，主动与对手合作。

4. 不只为争第一而比赛

当孩子只看到比赛中的冠军和奖杯，父母要引导他看到比赛中的友情、成长和面对困难的坚定信心。当孩子只是为了争第一而比赛，那么即使能得到奖杯又有什么用呢？

5. 正确面对竞争的胜败

有竞争，就必然有胜利，也肯定有失败。胜利时，父母要让孩子认识到山外有山，楼外有楼，不可自满。失败时，也别以为世界末日到了,关键是找出失败的原因和努力的方向。父母更不要因为孩子的失败而责备、讥笑,这样很容易使孩子气馁,失去信心,丧失竞争意识。

帮孩子树立正确的竞争观念,孩子才能怀着一颗积极的心去面对残酷的竞争。

6. 有独立思考能力的孩子未来更优秀

网上曾流行一个段子,说:"你听创业讲座,看哈佛公开课,对 BAT(百度、阿里巴巴、腾讯)大格局了如指掌……喜欢罗永浩胜过乔布斯,逢人就讲互联网思维……"如果你符合上述条件,那么你应该每天还在挤地铁。

为什么那么多人每天投身于各种学习,最终却没有成为自己想成为的人,甚至过得很糟糕?因为,他们缺乏独立思考的能力,凡事没有自己的见解和判断,经常是别人做什么,自己不管三七二十一也一头扎进去。当然,他们多半并不是成年后才变成了这个模样,而是自小就养成了盲从的习惯。

叔本华曾说:"从根本上来说,只有我们独立自主的思考,才真正具有真理和生命。纯粹靠读书学来的真理,与我们的关系,就像假肢、假牙、蜡鼻子甚或人工植皮;而由独立思考获得的真理就如我们天生的四肢,只有它们才属于我们。"

培养孩子的独立思考能力,才会让我们的孩子在这新闻充斥、传闻流传的社会里知道哪些是真的，哪些是假的，哪些是应该摒弃的，哪些是应该接受的。如果没有了独立思考，孩子长大后就会跟在别人后面，淹没在社会的洪流中。

当然，培养孩子的主见是一件挺不容易的事情。因为孩子在小时候独立性很差，父母容易对他们做什么不放心，所以常常一边责备孩子没主见，一边什么事情都操心，自相矛盾了还不自知。那么，如何使孩子变得有"主见"，成为一个独立思维的人？

>>> **提出问题启发孩子思考**

我们也可以经常给孩子提出一些问题，让孩子的大脑经常处于活跃状态，通过这种方式来锻炼孩子的思维能力。

理查德·菲利普·费曼是美国著名的物理学家，他的爸爸就非常善于引导他思考。费曼的爸爸将自己扮演成外星人，"外星人"遇到费曼，会问很多地球上的问题，比如："为什么有白天和黑夜的区别啊？""为什么会有气候和天气的变化啊？"在这样的提问情境中，费曼学到了很多知识，也学会了思考。

后来，费曼的爸爸带费曼去博物馆，为了引导孩子对博物馆产生兴趣，他还是通过提问的方式。他先让孩子自己阅读某些相关书籍，然后再向他提问，对于孩子没有理解的问题，他就用非常容易懂的话为孩子解释。

我们利用这种方法，能够让孩子从全面和新颖的角度思考，让孩子勇于突破常规的想法，提出自己独到的见解。

>>> 鼓励孩子提出问题

提问的过程就是思考的过程。父母要鼓励孩子多提问,让孩子敢于提出"标新立异"的问题。对于生活中一些司空见惯的事情,鼓励孩子去质疑。当孩子向父母提出一些幼稚的问题时,千万不能取笑孩子。因为孩子是站在他的角度看问题的,是用他的思维方式思考的。只要孩子动脑筋思考了,父母就应该肯定孩子。

当你陪孩子参观一个科技展时,你可以鼓励孩子向展台的工作人提问,例如,产品是什么材料的,这个设施是什么功能,等等。如果孩子提出一些让你难以回答的问题,而当时你的心情又不好时,千万不要厌烦或简单化处理,最好告诉孩子:"这个问题还真难,爸爸(妈妈)也不太清楚,等爸爸(妈妈)查查书再告诉你,你也可以问问老师或朋友。"而且要说话算数,绝不能食言。

>>> 鼓励孩子发表自己的意见

在压抑的环境中长大的孩子,由于思想受父母支配,不容易有自己的意见和看法。我们要给孩子创设民主和谐的家庭氛围,孩子在这样的家庭环境中,才会有活跃的思维,敢于发表自己的想法和意见。

很多孩子不敢大胆说出自己的想法,主要是怕说错了,受到父母的责备。所以,即便孩子说得不对,也要让孩子说完,然后再给予适当的指导。对于孩子的正确意见,我们应该积极肯定和表扬，增加孩子主动表达的自信心。

>>> **用完成故事结尾启发孩子思考**

孩子一般都喜欢听故事，我们利用讲故事却留出结局悬念的形式引导孩子去展开想象与思考，让孩子在听故事的玩乐中学会动脑，孩子会乐此不疲，不至于产生厌烦的心理，这也是锻炼孩子独立思考能力的好方法。

独立思考的品质在人的一生中占据着十分重要的位置。如果孩子拥有独立思考的能力，就会善于发现问题，能够通过思考、分析找到答案。有独立思考习惯和品质的孩子长大后，视野会比别人更宽广，思维也会更加缜密。

7. 终身学习力，是孩子未来的武器和铠甲

复旦大学原校长杨福家教授说："今天的大学生从大学毕业刚走出校门的那一天起，他四年来所学的知识已经有 50% 老化掉了。为了使你在明天依然是一个货真价实的人才，一定要有学习力作为你的后盾。"

这是知识爆炸的时代，知识的更新迭代速度正在以几何倍数增长，知识的半衰期越来越短。时间会消磨掉一切价值，如果按杨福家教授所说，大学四年学习的知识出校门的时候已经老化掉了一半，那么父母在小学、初中灌输给孩子的知识呢？

像以前"前二十年学习，后二十年应用所学知识谋生"的时

代已经结束了,父母不要再以为考个好大学毕业有个好工作,就一劳永逸了。也许,进入社会,学习才真正开始。如果孩子没有学习能力,面对迎面而来的问题必将手足无措。未来,我们的孩子花在学习上的时间注定要比实践更多。

如今,我们自己尚且在为自身有限的技能和认知而焦虑,尚且需要不断学习才能避免被淘汰。毋庸置疑,真正让孩子在未来拉开差距的一定是终身学习力。

耶鲁大学前任校长理查德·查尔斯·莱文曾说:"真正的教育不是传授知识和技能。从耶鲁大学毕业的学生,如果拥有专业的知识和技能是耶鲁大学最大的失败。"他认为专业的知识和技能,是学生在毕业后根据自己的需求才应该去学习和掌握的,而不是学校教育的任务。

那教育应该教什么呢?理查德·查尔斯·莱文说:"教育的核心是培养人终身学习能力,教育应该达到的理想境界是,不教任何专业化的知识和技能,但却能让人胜任任何学科和职业。"

也就是说,我们教给孩子的不应该是知识和技能,而应该是学习的能力,以及对学习和知识的热爱。

那么,父母应该怎么去培养孩子终身学习的能力呢?

>>> 培养学习的内驱力

内驱力是孩子学习一辈子的秘密。我们首先要明白,内驱力不是表面的勤奋。表面的勤奋是做给别人看的,无关内心的热情和爱。其次要明白,内驱力不依赖外部的评价或物质奖赏。

内驱力源自内在的、强烈的需要,想要达成某个目标,从而自发自觉去努力。在学习上有内驱力的孩子,是出于本心的享受其中,有征服感和成就感。

学习的意愿和能力其实是与生俱来的,比如孩子想要自己吃饭,自己系鞋带,总问为什么等,都是强烈的学习欲望。作为父母,要呵护孩子的这种欲望,给他学习的机会。遗憾的是,很多孩子的学习欲望被父母的包办代替,或者不耐烦给破坏掉了。

如果孩子的内驱力不是那么明显,父母也可以通过树榜样、设目标、用孩子积极的、正向的心理体验来激发孩子的内驱力。

榜样包括名人,也包括身边的普通人,但切忌把向榜样学习变成消极比较,比如"你看看邻居小飞,年年都是班长,你连个小组长都混不上"。这就把"别人家的孩子"变成了仇人,而不是榜样了。

设置的目标一定要合理、清晰、可量化。如果是比较远大的目标,一定要经过拆分,再落实到每个学期、每一周、每一天。如果目标不合适,会给孩子带来挫败感,打击积极性。

正向的心理体验是通过自己的努力达成目标后,体验到的愉悦感、成就感和掌控感,由此产生对自己能力的强大自信。在这些感觉的促使下,内驱力得到进一步增强。

>>> **培养自主学习的习惯**

以前,我们以为学校是获取学习资源的唯一方式。即便是今天，这个观念仍然根深蒂固，学区房大受追捧和这个脱不了干系。其实，在互联网普及的今天，不管你在哪个学校，不管你在哪个年龄阶段，都有机会接触到世界上最优秀的老师、最先进的学习资源。在线教育的普及，让这一切唾手可及。

父母要让孩子学会使用搜索引擎，检索他们需要的信息。并且教他们使用高科技产品，解决一些难题。总之，要培养孩子利用一切可以利用的资源去学习。

在未来，终身学习不仅仅是一个人努力的态度，更是必备的能力。

父母的终极使命，不是要培养孩子成为学校里的学霸，更要培养他终身学习的意识和能力。终身学习力，才是孩子行走未来最好的武器和铠甲，也是别人永远拿不走的核心竞争力！

第七章

苛求焦虑：
唯有接纳才有平和

1. 不苛求孩子成为那凤毛麟角的 1%

现代著名诗人柳亚子曾经说过:"近代对于儿童教育最伟大的人物,我第一个推崇鲁迅先生。"

鲁迅的儿子周海婴在《鲁迅与我七十年》中写道,有很多人问他,他的父亲鲁迅是不是像三味书屋里的寿老师那样,会给他在家补课,督促作业,询问成绩。以及请老师练习书法、学习乐器,或者在他写作之余给他讲童话故事、唐诗宋词,等等。但是周海婴说自己的答复往往会令大家失望。因为父亲鲁迅对他的教育就是他的母亲在《鲁迅先生与海婴》里讲的那样:"顺其自然,尽力不多给他打击,甚或不愿拂逆他的喜爱,除非在极不能容忍,极不合理的某一程度之内。"鲁迅在文章《死》里,留下了那个关于儿子未来的著名遗言。他写道:"孩子长大,倘无才能,可寻点小事情过活,万不可去做空头文学家或美术家。"这更加体现了鲁迅对儿子不苛求,顺其自然的教育态度。

有人反驳,在这个复杂的社会,教育孩子能顺其自然吗?这里说的顺其自然不是放羊式教育,任凭他四仰八叉地胡乱生长。而是顺应孩子的天性,不苛求孩子成为那凤毛麟角的 1%。就全国来看，能上清华北大的人少之又少，能上美国藤校的更是凤毛麟角。你凭什么认为自己的孩子是幸运的那一个？

中国父母最难接受的，也最不愿意承认的一个事实就是，自己的孩子很大概率上会是一个极平凡、极普通的人。总是对孩子抱着无限希望，去创造各种条件把孩子培养成世俗意义中的"大人物"，最好万人敬仰。

杨澜曾说："我并不希望自己的孩子成为一个神童，也不要求他在哪个方面必须做出突出的成就，我只希望他能成为一个快乐的人，也能为别人带去快乐。"

德国人卢安克写了一本书叫《与孩子的天性合作》，其实他个人就是一个典型的案例。1968年9月，卢安克出生在德国汉堡。小时候，他跟双胞胎哥哥性格孤僻，不管别的小孩怎么欺负，他们都不反抗。

为了两个孩子，父亲放弃了收入优厚的工程师工作，到一所华德福学校当老师，然后用华德福的理念教育孩子。卢安克被父母送进一所不用考试的学校，课本都是孩子自己写的。他说："我的父母和老师没有把我当成傻瓜，没有让我做那种考傻瓜的练习题，比如说'用直线把词语连接起来'。这种练习只是把一个人有创造能力的思维变得标准化。第二个原因是，我的父母和老师没有把我当成聪明人，没有过早地开发我的智力。"

后来，卢安克参加中考，外语不及格，就去一家小帆船工厂做学徒，自己设计帆船，参加国际帆船比赛。再后来，他通过展示自己的设计品打动教授,而不是通过高考,进入汉堡美术学院。

毕业后,他不想为了工作赚钱而失去自由,就随着兴趣漂流,来到中国的偏远山区。很多人都搞不懂卢安克为什么不赚钱,不结婚,卢安克的父母却选择了理解他,支持他做自己喜欢的事情。同样的,他的哥哥、妹妹都在从事着自己喜欢的,类似于志愿者的工作,在家人眼里,卢安克根本就不是失败者。

也许我们不能接受自己的孩子成为卢安克,但我们难道不希望自己的孩子拥有发自内心的快乐吗?让孩子成人,然后成才,让孩子快乐地生活才是给孩子真正意义上的爱!

清华大学的教授刘瑜做了一个主题是《不确定的时代,教育的价值》的演讲,其内容刷爆了朋友圈。她讲到了现代养育孩子的焦虑、抑郁和空心病。在这个父母被压得透不过气的今天,她的教育观有一些道理和启发性。

>>> 放弃"成功"未必是坏事

当做了父母,不管自己是否取得了成功,教出一个成功的孩子,就成了自己最为明确的奋斗目标。比如"我的女儿在某某大企业做高管""我的儿子年薪200万"……要比自己成功还令人自豪和值得炫耀。

刘瑜教授试图论证一个人选择"放弃成功",也未必是坏事。毕竟获得世俗意义上的成功,并不意味着就能过得幸福。幸福取决于是否拥有成功人格,而拥有"成功人格"的人并不一定个个都会功成名就,但会在最大程度上开发潜能,实现"自我实现"

的价值，这恰恰是心理学家马斯洛需求层次理论的最高需求。

放弃"成功"并不是对孩子放弃要求，而是让孩子认识自己，接纳自我。

>>> **另辟蹊径避开恶性竞争**

刘瑜教授的爱人曾和她商量是否要送孩子去学钢琴，她一口否决了这个建议。关于理由，她循循道来，北京市学钢琴的孩子可能有 300 多万人，光是自家楼上楼下就有四五家。在这种情况下，想学钢琴学得出类拔萃，简直是自取灭亡。还不如让孩子学习少有人学的古希腊罗马史。为什么一定要和成千上万的人挤独木桥？盲目的恶性竞争，不仅会把家长卷入焦虑的深渊，也很可能会毁了孩子的一生。有调查显示，每 5 位中学生中就有 1 位曾经考虑过自杀。

日本有个职业叫"收纳咨询师"，你看，连家庭收纳都可以成为一个工作，甚至事业。我们的孩子可能不是天才，但如果他能在自己的小天地里活得怡然自得，就是成功。

2.不苛求自己，孩子不需要完美父母

有些父母一心想要成为孩子的榜样，每天如履薄冰，生怕自己一不小心，就拖了孩子的后腿。于是，不断优化提升自己，明明用尽全力，但还是驱赶不走内心的愧疚感，甚至被压得喘不过气来。

自从女儿出生后，周雯就像变了个人。她整天研究育儿书，照着书精确地计算女儿的喂养步骤。一顿吃少了，晚上睡觉醒的次数多了，大便的颜色异常了……稍微和书上有不一致的，她就焦虑得上火。

女儿慢慢大一点，她担心买的辅食不健康，就自己亲力亲为研究各种营养搭配，照着食谱一步一步做。经常是孩子睡了，她也不休息一会，就去厨房捣鼓。以前连饭都不会做的她，不仅学习了各种菜式，还开始学习烘焙。

女儿到了入园期，她又一头扎进各种妈妈群，学习选择幼儿园的标准，什么时候上什么课外班，以及如何避免孩子在幼儿园受到伤害，如何降低孩子的分离焦虑等。

有了女儿之后，家里开销渐长，看别人工作带娃两不误，她也琢磨着做起微商，在朋友圈卖面膜、口红。

她也要求自己即便是带娃，也不能放弃学习。为了给女儿做个努力向上的榜样，她报了很多网课学习来提升自己，一边陪娃一边上课。

表面上，她是一个全能型妈妈，不仅娃带得好，自己的生活也很精致。但其实，她内心早已疲惫不堪，缺觉、缺理解、缺钱，但日子还得继续，她绝不能在孩子面前暴露自己的不完美，只好硬撑着。

丘吉尔说：完美主义让人瘫痪。你也是第一次当爸爸妈妈，你已经非常非常努力了。不要再责备自己了，这个世界上根本不存在完美的父母,你得放下这样的执念。

心理学家说:一个人构建的外部人际关系,同时也是他内在关系模式的展现。根据这个道理,当一个人对自己太挑剔,也就更容易挑剔别人。他们内心想的是:我有资格指责你!但他们会在内心里把这种行为美化为以身作则,给孩子做榜样,而不认为是对孩子的苛责。

另外,当孩子出现问题,一部分完美父母会自责,把责任都揽在自己头上。还有一部分妈妈会推脱责任,认为自己已经尽力了,自己不需要负任何责任。这是两种极端,都不利于解决问题。

成为好父母的过程,是从完美到刚刚好的过程。什么是"刚刚好"?指的是在婴儿时期完全满足孩子的需求,随着孩子长大,越来越少地满足孩子的需求,并且在孩子的成长过程中,坦然面对和接纳自己的错误和失败。即逐渐放下孩子、接纳自己。

只有当父母接纳自己,原谅自己,才能放松地与孩子相处。一个总是轻松快乐的妈妈,一定比一个整天唉声叹气,焦虑不堪的妈妈,更能给孩子积极的影响。

李林的工作需要经常出差,在孩子刚刚两个多月的时候,她就和孩子分开了两周。当她听育儿专家说,婴幼儿不可以和母亲长期分离的观点后,就陷入了恐慌和自责。

后来和另一个妈妈聊天,对方听了她的苦恼,哈哈一笑说:"谁规定当妈的就不能有缺点了?比如我做饭不好吃,但我热爱运动，我会带他体验运动的快乐。运动饿了，吃嘛嘛香，不挑食，不是挺好的？"

为了孩子，我们不断要求自己努力做到更好，甚至不惜苛责自己。但却忽略了一点，那就是，孩子并不需要完美的父母。

>>> 孩子不需要完美的父母

《你是孩子的光》的作者张小桃在书中写，自己在开始做妈妈的那几年，也曾立志要做100分的完美妈妈，最后把自己搞得筋疲力尽。后来，她开始反思，自己是否问过孩子，他要的完美妈妈是什么样？也许他从不想要什么完美妈妈，而是妈妈能陪他就够了。于是，张小桃给了我们另一个答案：不用去做世俗意义上的完美妈妈，妈妈要活出自己想要的美好，就能成为孩子的光，就是孩子心中的完美妈妈。

在《极简父母法则》中，作者理查德·泰普勒写道："想象一下，在你成功的过程中，你的父母毫无差错，他们的行为就像教科书一样，永远是对的。这听起来有趣吗？当然没有。因为在孩子成长的过程中，需要有自己厌恶的东西，需要有埋怨的对象，这自然是父母的任务，父母最好给孩子一些可以埋怨自己的理由。"

>>> 在孩子面前表现真实的自己

多数父母都不愿意在孩子面前"出丑"，不敢把最真实的一面展示出来。殊不知，出点丑会比刻意不犯错，或者掩饰错误，在孩子眼中的形象更立体，让孩子更放松，更觉得暖心。

比如，某明星发微博说"孩子想吃生煎包，祝我成功。"配图是两张看起来非常有食欲的生煎包图。一个小时后，微博更新说："心态彻底崩了。"配图是两张煎得黑乎乎的生煎包。但孩子为了不让爸爸难过，抢着吃了煎黑了的生煎包。

父母越敢于出丑，孩子越能共情，越能体谅父母。同时，这也会让孩子放下心防，让相处没有距离感，有助于建立平等亲密的亲子关系，成为孩子的亲密伙伴。

一段好的关系，是舒服、自然，是可以做自己的，友情、爱情如此，亲子关系也是如此。凡事不要太用力，养孩子也不用太用力。不挑剔自己，不苛责自己，允许自己犯错，让心情得到放松，比什么都重要。

3. 学会接纳孩子的负面情绪

父母是不是都有这样的体验，看着孩子洋溢着笑容的小脸，就忍不住开心。但听到孩子哭闹，或者拉着脸生气，就烦躁。父母总希望孩子每天都开开心心，不喜欢孩子不开心的样子。

无论是开心还是不开心，都是正常的情绪。想想我们自己，是不是也常常会生气，甚至连续几天都有点丧。那我们为什么要苛求孩子一直保持良好情绪，而不能有负面情绪呢？

在新浪的育儿频道，有妈妈发帖求助：我的女儿太娇气了，她向别人要东西，如果别人不给，她就伤心地哭；还有拼图，要是没拼出来,她也会伤心,其实又没什么大不了的。她这样下去是不是太脆弱了?以后经不起一点挫折怎么办?看到别人家的孩子都那么坚强,我真觉得自己对她的教育有问题,感觉自己很失败。

有妈妈这样回复:当你使用"失败"这样的词语时,就证明发帖的此刻你自己的情绪就不好。你觉得自己的教育目标是让孩子坚强,但是,孩子并没有达到这样的目标,于是,你感觉很沮丧,很受挫,很失败。那么,为什么孩子没有这样的权利?当她的目标没有实现的时候,她为什么不能伤心?不能沮丧?为什么不能哭?

为什么孩子的不良情绪,比如哭泣,不被父母接纳,甚至让父母反感,并竭力阻止?除了父母认为孩子哭泣是"不听话""不勇敢""不讲理",更因为孩子负面情绪的爆发,会触及父母内心的同类情绪,引起家长的焦虑,让负能量飙升,最后失控崩溃。

但是,我们静下心来仔细想一想,难道我们大人就没有这样的一些负面情绪吗?我们遇到困难时,同样会害怕;目标没有实现时,同样会悲伤难过。我们要求孩子做到的事情,我们自己做到了吗?既然我们自己没有做到,为什么就不能多包容一下孩子的哭闹、大喊大叫呢?

>>> **允许孩子表达负面情绪**

大多数父母在孩子哭的时候首先会想办法哄住孩子,不让他哭下去。但心理学家研究指出：孩子哭闹自有他的道理，心情不好了，肚子不舒服了、饿了、渴了等都可能是原因。哭闹是孩子表达情感的一种方式，也是孩子愈合感情创伤的必要过程。等他哭够了，他自会平静下来。

强行制止孩子的哭泣会让孩子情绪低落，打不起精神，对什么都不满意，因为他的负面情绪和受到的创伤没有机会发泄和愈合。还有一种情况是孩子因为自己的要求没有得到满足而哭闹，父母给他哭闹的自由会让他慢慢地明白，哭闹不能解决这些问题。

在孩子哭的时候，给他一个拥抱，说"我知道你很难过，你想出去玩，但是现在到睡觉的时间了"，帮他明确表达出来；"你想哭就哭吧，妈妈陪着你"，鼓励他表达情绪。这样做，孩子清晰地知道情绪来自哪里，才不会无休止地大哭大闹。及时的情绪表达，孩子内心才会感到安全，在面对问题或困难时不再只有焦虑或沮丧。

孩子哭的时候，有些父母会担忧：这么爱哭，若不及时阻止他，岂不是会变成一个"爱哭鬼"？其实，这些担忧都是多余的。在孩子小的时候，"哭"是他们表达情绪最常用的一种方式。随着年龄的逐渐增长，他们的表达方式增多，哭的次数会逐渐降低。所以，孩子想哭的时候，我们不妨就让他哭一会儿。当他的情绪得到了宣泄，需求得到了满足时，内心就会充满力量，变得越来越坚强。

>>> 不否定孩子的负面情绪

除了喜欢制止孩子哭泣，父母也会习惯性地否定孩子的负面情绪。比如，孩子说怕恐龙，有的妈妈就会说，那有什么好怕的，都灭绝了。如果孩子怕黑，她也会说妈妈都不怕，你也不用怕。实际上情绪没有好坏之分，害怕、恐惧都是人的正常的情感反应，孩子既然有了这样的感受，我们应该首先表达出接受，接受之后再引导他去面对，不能以自己的标准去衡量孩子，拒绝和否定孩子的情绪。

否定孩子的情绪给孩子的暗示是：妈妈不喜欢我害怕，害怕是不好的行为，我不应该害怕，否则妈妈就不爱我了。为了取悦父母，孩子就会压抑自己想哭和害怕的情绪，慢慢学会了撒谎和隐瞒错误，有了委屈就憋在心里。如果孩子连在最亲密的父母面前都不敢做真实的自己，不敢表达真实的情绪，时间久了，就会出现各种各样的心理问题。

>>> 帮孩子找到正确的宣泄渠道

作为父母我们不仅要学会以一种坦然轻松的态度接纳孩子的情绪，同时也要帮助孩子合理地宣泄、释放自己的情绪——

为孩子找一个专门的发泄工具，比如枕头。

绘画，涂鸦，让孩子把心中的不满都画出来。

唱歌，不要在乎词或调，让孩子尽情地吼。

带孩子去旅游，可以开阔视野，陶冶情操。

在家里给孩子布置一面"心情墙"，每天把自己的情绪写出来。

运动，一场大汗淋漓的运动后，可以释放孩子体内的负能量。

孩子对自己情绪的认识和掌控是一个漫长的过程，每一次的情绪体验都是他成长的机会。孩子的情绪属于他自己的管理范畴，大人不应该为此负责，不要因为孩子不高兴就觉得自己很失败。我们能做的，就是完全接纳孩子的情绪。然后在接纳他情绪的前提下，教他正确地沟通，学着用语言把情绪表达出来，孩子就不会因为无助和受到挫折而大哭大闹不止，逐渐就会做到遇到事情不惊慌失措，不发脾气，会尝试讲道理并寻求帮助，会变得通情达理，从容不迫。

>>> **你的孩子成不了"别人家的孩子"**

很多孩子成长的过程中，都会有一个永远无法击败的敌人，即父母口中的"别人家的孩子"。无数父母焦虑，其实并不是自己的孩子不够优秀，而是不能接受自己的孩子比别的孩子差。

在电视剧《小舍得》里，子悠的妈妈找到钟意，问：这次择数杯，听说米桃拿了第一名？"钟意答："对。"她感叹说"这孩子还真不简单。"钟意回："天分，总是有差距的。"子悠妈妈的脸一度尴尬，又说："这个我服气，你看，欢欢都拿第一名了……他和欢欢的天分还有什么差距吗？"

简·尼尔森在《正面管教》一书中说，大多数父母虽然知道拿别人家的孩子与自己的孩子比较，是不明智的行为，但他们仍然会忍不住去比较，即便不公开比较，也会默默地比较。

比较涉及的范围非常广，从成绩到练琴，从身高到胖瘦，从脾气到爱好，乃至于吃饭是不是挑食，见人是不是打招呼，简直是无所不比。

父母拿别人家的孩子和自家孩子比，原本是想激励孩子，让孩子变得和别人家一样好。但结果越比越觉得自己孩子差，越比越不满，越比越焦虑。

而孩子总是听父母数落自己这不如别人，那也不如别人，内心就会生出一种巨大的无能感。他们会因此否定自己的能力，像一个蹲在角落里被遗弃的孩子，内心充满深深的无助和自卑，满脑子都是放弃的念头。

电视剧《小欢喜》中，"学渣"方一凡好不容易摆脱了年级倒数第一，考到年级倒数二十左右，但妈妈对他的排名很不满，母子二人在大庭广众下发生争执。方一凡生气妈妈永远看不到自己的好，看不到自己的进步，还总拿自己和别人比。一气之下，他干脆破罐破摔，从今天开始不学了，大学也不考了。

另外，当父母总是欣赏、肯定、羡慕别人家的孩子，而对自己处处不满、言语上否定和打击，孩子就会认为只有自己变成了别人家的孩子，才能获得父母的爱。如此一来，孩子就会特别在乎别人的看法和评价，在做事的过程中完全屏蔽掉自己的主观感受，完全以外界的标准来驱使自己，在心理学上这被称为"与自己失去了联结"。

这些孩子长大后，无论是在工作的抉择，还是生活的喜好上，抑或是人际关系的应对以及婚恋伴侣的选择上，都很容易陷入迷茫，不知如何表达自己的想法和感受。

为什么父母总是觉得别人家的孩子好？第一个原因，在父母和孩子的关系中，因为少了心理距离感，父母会通过各个角度去评价孩子，例如学习成绩、生活习性、特长等。对于别人家的孩子，因为"心理距离感"，父母看到的角度会比较单一化，仅从对方一件事情的优异，就得出"他比我家孩子更优秀"的结论。

第二个原因，人们在评价一件事物时，通常会依赖自己的主观思维和价值感，就像是戴着有色眼镜去评判身边的人和事，产生"心理偏盲"的现象。父母喜欢将自家孩子与别人家的孩子做比较，就是源于这种心理。父母会选择性地无视自家孩子的优点、成绩，反而用"显微镜"来放大孩子的缺点，就会觉得别人家的孩子更优秀，引发焦虑和挫败感。

千人千面，人的个性差异千差万别，就算双胞胎也不会在方方面面都一样，所以你的孩子永远也成不了"别人家的孩子"。别再拿别人的优点苛求自己的孩子，那不公平。如果真想通过比较激励孩子的上进心，就要注意方式和策略。

>>> **客观公正地进行比较**

家长拿自己的孩子和别人比不是完全不可以的，正确的做法应该是，一定要用一种平和的心态去对待孩子的优缺点。不要拿别的孩子的优点跟自己孩子的缺点比，要看到自己孩子的优点，别忘了给孩子鼓励和赞扬；也要正视孩子的不足，积极引导，帮助孩子提高。

> >>> **拿孩子的过去和现在比**

新闻报道,江苏一位父亲说他儿子以前考0分,现在考了7分,要庆祝一下,所以他花1000多元买来一车烟花。父子二人站在璀璨的烟花下,脸庞被温暖的火焰照亮,被照亮的一定还有孩子奋进的信心。不久后这位父亲告诉记者,孩子最近一次考试涨到50分了。

要比就拿孩子的过去和现在比,今天跟昨天比,这次跟上次比。哪怕是孩子取得了一丁点的进步,都应及时给予真诚的赞美,以激励孩子不断进步。

别再责怪你的小孩没有别的小孩优秀,因为他是独一无二的。如果他对你说,他将来的梦想是当个小丑,也不要难过他胸无大志。如果他能把欢笑带给大家,并且自己的内心也充满喜悦,他难道不是你所期望的一个幸福的人吗?孩子的未来有无限广阔可能,我们不该狭隘地要求他去复制别人的人生。

4. 无条件接纳是给孩子最好的爱

爱,从无条件接纳孩子开始,不管孩子长相如何,天资、弱点或缺陷如何,也不管我们的期望多高,或者孩子的表现并不好,我们都要爱他们。但这并不表示我们喜欢孩子的所有行为,而是意味着我们对孩子永远给予并表示爱,即使他们有缺点、有问题，也要接纳孩子。

在日本一家妇产科医院里，一个新生命呱呱坠地了。然而，令医生和孩子的爸爸大惊失色的是，这个男婴只有头和身躯，胳膊和腿都没有。他们担心孩子的母亲受不了生下缺陷儿的打击，便一直没告诉她真相。直到一个月后，当她第一次见到自己的孩子时，在场的人都被她的表现惊呆了。只见她面带微笑地望着躺在摇篮里的婴儿，深情地说："多可爱的孩子啊！"

这个孩子就是如今日本人气最旺的作家、演说家、优秀教师——乙武洋匡。

我们要让孩子感受到我们无时无刻不在爱着他们，并且是无条件的。缺陷、缺点、毛病统统都不能是阻碍，相反要给予这样的孩子更多的爱与支持才行。这样孩子才会有足够的安全感，不会惶恐不安。

这是一个真实的故事，美国越南战争过后，一对老夫妻接到参战的儿子的电话，他说："爸，妈，我马上回国了，我想带个朋友回家。"

爸爸立即说："好啊，让你的朋友尝尝你妈的手艺，他一定会很荣幸成为你的朋友的。"

儿子接着说："不过，我得告诉你们，他在越战中受了重伤，少了一条胳膊和一只脚。他已经无家可归，我想请他回来和我们一起生活。"

老夫妻沉默了一会儿，说："没关系的，儿子，只要他是你的朋友，我们不在乎他是否少了一条胳膊和一只脚。你还记得你小时候从街上捡来流浪猫流浪狗，我们都替你养着吗？我相信我们一定会和你的朋友成为一家人的。

几天后，儿子穿着军装站在门外，爸爸发现儿子居然少了一条胳膊和一只脚，原来他所说的"朋友"就是他自己。他说如果当时父母表示不会接纳残疾人，那么他一定会选择自杀的。

接纳孩子意味着不追求孩子完美无缺，意味着冷静看待孩子的一切不尽如人意，包括生理和心理等其他方面。常有家长担心：孩子口吃怎么办、个子矮小怎么办、脾气不好怎么办、爱尿床怎么办、学习成绩差怎么办……很多时候都是父母在杞人忧天，即便是孩子真的出现了某些缺点和问题，那么帮助孩子改正就是了，再多的焦虑都毫无作用。

面对孩子的"缺点""问题"，不要用发怒、强行制止、不满等方式来应对。有一位家长说，五岁的儿子很胆小，不敢冒险，不敢一个人睡，不敢上幼儿园，不敢玩公园的大型游乐玩具。儿子过生日的时候，夫妻二人带着孩子到公园玩，儿子看到大型玩具就害怕，根本不敢玩。这位家长非常生气，骂了孩子一顿，强行让孩子玩。孩子非常痛苦地玩了一次，后来更加不敢玩了。

孩子的胆量不是一夜之间就能变大的，而且也不是一夜之间变小的。而且孩子的胆小很可能是因为一点冒险的经历都没有，这和孩子的监护人的过度保护也有很大关系，又哪能将责任都推到孩子身上？

最好的解决办法是先接纳孩子的"胆小",不当面议论他的缺点,不要让孩子在你面前感受到他是胆小的,更不要强行让孩子改变。当解除过度保护之后,孩子慢慢会胆子大起来,父母们要善于发现他"胆大"的细节,并及时给予肯定,强化其"胆大"的一面,忽略其"胆小"的一面,这样,孩子胆大的一面会慢慢扩大,胆小的一面会慢慢缩小,孩子在不知不觉中会有所改变。

而且不要让孩子觉得你是在刻意"纠正"他,而要顺其自然地沟通、教育。就拿"吃手"这样的不良习惯来说,轻轻拿开孩子的手就行了,不说教不评价,给孩子时间慢慢淡化。

父母作为成年人,常常喜欢用自己熟悉的成年人的标准去要求孩子,而忘了孩子毕竟是孩子。如果我们自己都不是完美的人,又凭什么要求孩子是完美的呢?孩子的成长是在一步步完善自己的过程中实现的,父母要用心去包容孩子的缺点。

>>> **不把孩子的缺点看得太重**

放松心态,平常心对待孩子,或许孩子有一些小缺点,但是如果用平常心的态度面对,或许这些缺点看起来会很可爱,而随着时间的推移,缺点也就消失了,所以不要看得太重,顺其自然。

>>> **不要跟人谈论自己孩子的缺点**

很多家长都习惯于跟其他家长抱怨自己孩子的问题,说他有这样或者那样的缺点。我们最好不要这样,这样的做法也会给孩子带来伤害。当与别人聊天的时候,谈及孩子的问题,要用一种轻描淡写又充满希望的语气来形容,给孩子减轻压力。

>>> **改变不急于求成**

对孩子缺点和问题的看轻不是坐视不理,孩子有了问题当然要帮助他改掉,只不过不要急于求成,要慢慢来,对孩子抱有极大的信心和耐心,不要求孩子能一夜之间改掉所有的问题和缺点,欲速则不达,即便是有些缺点改变不了,那也要让孩子体会到更多的爱,让孩子能健康成长。

5. 孩子偶尔犯个错,没什么大不了

父母总是害怕孩子犯错,比如作业没交,错误太多,或者忘记带课本,然后老师在群里喊家长。如果孩子连续犯错,父母就会愈加焦虑,甚至愤怒。

父母都希望孩子永远都不犯错,以为犯错就意味着给自己带来麻烦,所以,有的家长总是期望在孩子犯错前就能提醒他,让他避免犯错误,什么事情都要求尽善尽美,给孩子制定条条框框,孩子做不好的时候就替孩子代劳。但是这样管控和代劳,不让孩子犯错将会让孩子很害怕犯错误、办错事,对家长的依赖性极高,做事情也是要等待家长帮他做选择、帮他承担后果,这样的孩子就像是脆弱的幼苗,永远也长不大。

法国作家罗曼·罗兰说:"人生应当做点错事。做错事,就

是长见识。"过分地让孩子"听话""不犯错"是会耽误孩子成长的,事实上没有人不会犯错,更何况孩子了,强行地让孩子不犯错误,其实是在禁锢孩子。真正聪明的家长,会利用孩子的错误帮助孩子学习成长。

一个法国化学家获得了诺贝尔奖,他把这一切都归功于自己的妈妈。他讲了这样的故事:

他五岁的时候打碎了一个牛奶瓶,洒了一地牛奶,玻璃碎片满地都是。妈妈听到声音后跑了出来,然后笑了一下说道:"牛奶既然已经洒了,我们看它还有什么用吗?儿子,你想想看。"他看到洒在地上像海洋一样的牛奶,就说可以划纸船。于是,他和妈妈在牛奶海洋里玩了半天的纸船。然后妈妈把他带到院子里,又给了他一个一模一样的瓶子,让他右手抓瓶颈,左手托瓶底再试一次。他就此学会了怎么拿牛奶瓶。化学家说这件事影响了他的一生,每次试验失败,他都会像妈妈一样,想办法把洒了的牛奶变成有用的东西,而不是害怕失败和错误。这是他成功的关键。

简单地告诉孩子"这个对""那个错",孩子的印象是不深的,他也不知道为什么这样是错的,那样是对的,只有让他亲自去尝试,去碰几次壁才能懂得。

孩子怕犯错的心态来自于我们的严厉管教,一旦孩子有了错误就被我们严厉批评、指责,那么下一次当他面对棘手的事情时,就不会选择自己动手,而是选择直接寻求我们的帮助。所以，我们要建立一个宽松的环境，允许孩子去尝试，告诉孩子："你大胆地做，即便是错了，我也不会怪你。"这样才会让孩子"大胆地往前走"。

>>> 惩罚不是最好的方式

有时，犯错的代价是很大的。父母为此心急如焚，恨铁不成钢，非打即骂，甚至不惜把孩子逐出家门。父母认为，犯错了就要受到惩罚，这是理所应当的。如果是原则性的错误，当然要惩罚。但父母要分清，自己是在发泄情绪，还是在帮助孩子认识错误。

从心理学来讲，父母只顾着宣泄怒气，大吼大叫，会使孩子变得胆小、自卑，不敢表达自己的主张，长大后也常表现出没主见。更多的孩子会把这种模式复制到跟其他人的相处中，认为吼叫就是正确的沟通方式。甚至有的孩子干脆成了表里不一的人，表面上因为畏惧而顺从，实际上内心非常逆反。一旦有了反抗能力，这种叛逆就会全面爆发，摧毁亲子关系。

而且，父母的这种态度也会把孩子的注意力转移到如何来回避惩罚和指责，或为自己辩护。同时，孩子也会觉得自己已经为错误付出了代价，惩罚后这件事情就算结束了，而不是去认识错误和改正错误。

>>> 帮助孩子认识并弥补错误

犯错本身没有太大的十恶不赦，只要真心悔改，更正错误，就可以获得原谅抑或者是支持。只是，不少父母总喜欢拿孩子还小,不懂事为理由,迁就和姑息孩子,使得做错了事的孩子反而若无其事,以后变本加厉,成为人人厌恶的熊孩子。

监控显示一个10岁的男孩在电梯里小便,男孩的妈妈得知后,立即在业主群里发文为自己的监督不到位道歉,并决定让孩子打扫楼梯一个月作为补偿。同时,男孩也写了一封道歉信,希望能得到大家的原谅。大家纷纷为这位妈妈的教育方式点赞。

父母要知道孩子犯错有时候是因为无知,没有认识到这样带来的不良后果。父母要尽量向孩子说明什么是他应该做的,什么是他不应该做的。让孩子认识错误的后果,并帮助孩子找到弥补错误的方法。让孩子在不断的"知错"中提高辨别能力,在不断的改错中走向成熟。

>>> 选择谅解

爱因斯坦说:"谅解也是教育。"当我们选择去原谅孩子,孩子知道他可以被原谅,他才不会纠结于过去,然后向前看,同时给予孩子适当的引导和帮助,他才能从中得到经验,知道下次该怎么做。

在《正面管教》中,有这样一句话,"孩子只是犯了个错,他本身并不是个错误。"即便他知道怎么做是正确的,那也是我们的看法和体验,孩子想要自己去体验。所以,我们要允许孩子犯错,那是成长的必经之路。

6. 别强迫内向的孩子变外向

"不喜欢说话、自卑、害羞、古怪、冷漠、不合群、没有朋友、不善于表达自己……"是人们对内向孩子的描述。相比而言，父母更希望孩子是自信、开朗、热情、阳光、嘴巴甜的外向性格，到哪里都讨人喜欢。而且，平时我们也经常用"开朗外向"来夸人，却不会夸人内向。

但这能说明外向性格一定比内向强吗？事实并非如此，内向人只不过是被大家误解了。

首先，这种误解来自根深蒂固的传统观念。在《心理学国际词典》中对"外向"的解释是这样的："对外部世界感兴趣，具有高度的自信，社交能力强，敢说敢做，追求感觉和崇尚权威。"而对"内向"的解释则是："专注自我，缺少社交能力，以及较为消极被动。"语言学家们把中性和贬义词汇全都放在了内向身上，因此很容易使内向人遭到误解。

除了根深蒂固的传统观念，内向人本身的特质也容易引发别人的误解。出于害羞、抱歉的心理，很多内向人不愿意向别人敞开自己的心扉，结果导致误解迟迟得不到澄清。

比如，很多人认为内向人一定是害羞的。其实，内向跟害羞不一样。虽然有些内向的人可能有点害羞，但是内向并不等同于害羞。害羞的人避免社交活动是因为恐惧，而内向的人只不过不愿意接受过多的刺激而已，他们需要的仅仅是一个能促使自己与别人进行互动的理由。所以，他们不会毫无目的地去和别人搭讪。

比如，大多数人都认为，内向者不喜欢说话。然而，真实的情况并非如此，他们只不过是不喜欢讲无关紧要的话罢了，一遇到自己所感兴趣的话题，他们也会滔滔不绝地谈话。

再比如，大多数人认为内向人没有朋友。的确，内向人的朋友很少是不争的事实。但是，他们的友谊通常会更加深厚，这是因为内向者非常珍视自己为数不多的几个朋友。少而精的朋友难道不比无数泛泛之交更珍贵吗？

正因为人们对内向性格存有很深的误解，所以导致很多父母致力于培养孩子外向的性格，甚至不惜违背孩子内心的意愿，勉强孩子去做与性格背道而驰的事情，以求达到转型的目的，结果给孩子带来了无法衡量的伤害。当内向的孩子在违背自身本性的前提下强颜欢笑，言辞凿凿，看上去博才多学，却给人一种极不自然的牵强感，同时也让孩子的内心变得分裂痛苦、疲惫不堪。只有当孩子放弃了羞愧与矫饰而成为真正的自己时，他才能真正体会到无与伦比的满足与轻松。

而且，有调查发现，世界上70%以上的成功者都是性格内向的人。比如爱因斯坦、林肯、卡夫卡、比尔·盖茨、巴菲特、洛克菲勒、乔布斯、扎克伯格、李嘉诚、俞敏洪、李彦宏、张朝阳、袁隆平、李安、柴静，都是性格颇为内敛之人。就连著名的电影明星奥黛丽·赫本也是一个内向者，她说："我享受独处，喜欢和我的狗一起散步，一起欣赏树木、花朵、天空……如果给我机会让我从周六晚上独自一人待到周一早晨，我会很开心。"

那么，如果你的孩子是内向性格，父母该怎么做呢？

>>> 不拿孩子的短处比别的孩子的长处

一些父母喜欢拿孩子内向的短处跟外向孩子的长处相比，结果越比越烦躁，越比越失落。内向的孩子不是只有缺点也有优点，只不过，父母将短处看得太重要，一门心思去掩饰和修饰，结果将孩子的优势忽略了。

>>> 看到内向孩子的优势

内向孩子身上确实存在很多的弱点，比如胆怯、不自信、纠结、优柔寡断等。但是，相对外向人来说，内向人也有许多优势。比如：沉稳不急躁，行事谨慎；善于思考，具备很强的独立钻研性；踏实勤恳，注意力集中，具有持久的忍耐力；有很强的想象力和创造性；善于观察，对刺激的反应比较敏感；善于倾听，善解人意，等等。父母要做的就是引导孩子发挥自己的个性优势。

>>> 从内心里接纳孩子的个性

孩子幸与不幸不与性格无关，而在于他能否正确认识自己、进而从内心接纳真实的自我。如果作为父母都不肯接受孩子真实的个性，就会让孩子认为自己不够好，进而不愿意接纳自己，甚至厌恶自己。

如果说性格外向的人像太阳能电池，那内向的人就好比充电电池；如果说外向者是一座露天的金矿，那内向者就是一座潜藏的玉矿。内向外向各有优势，并无好坏之分，父母何必和孩子的天性作对？

法国作家让·吉罗杜曾说："从我们的幼年开始，每个人身上就编织了一件无形的外衣：它渗透于我们吃饭、走路以及待人接物的方式之中。这件外衣就是我们的性格。"内向也好，外向也罢，都有自己的弱点和优势，作为父母要正确认识孩子性格中的不足和闪光点，也让孩子接纳并喜欢自己。